À toi! 3

Vokabeltaschenbuch

Vokabeltrainer-App

Verfügbar für: iOS, Android und Windows Phone

AF204385

Cornelsen

Symbole und Abkürzungen

~	bezeichnet die Lücke, in die du das neue Wort einsetzt.	*adj.*	*adjectif* (Adjektiv)
~[1]	Die Fußnote zeigt dir an, dass du auf die Angleichung des Wortes achten musst. Die richtige Lösung findest du in dem grauen Streifen nach jedem Abschnitt.	*adv.*	*adverbe* (Adverb)
		f.	*féminin* (weiblich)
		fam.	*familier* (umgangssprachlich)
		inv.	*invariable* (unveränderlich)

~ bezeichnet die Lücke, in die du das neue Wort einsetzt.

~[1] Die Fußnote zeigt dir an, dass du auf die Angleichung des Wortes achten musst. Die richtige Lösung findest du in dem grauen Streifen nach jedem Abschnitt.

🔲 Achtung! Pass hier besonders gut auf.

🏴 Hier findest du ein englisches Wort, das dem französischen Wort ähnlich ist.

→ Hinter diesem Pfeil findest du ein Wort, das zur gleichen Familie gehört und das du schon gelernt hast.

= Hier findest du ein Wort mit gleicher Bedeutung.

≠ Hier findest du das Gegenteil des Wortes.

(LÖSUNG S. 94) Zu dieser Aufgabe findest du ab Seite 94 die Lösung.

adj.   *adjectif* (Adjektiv)
adv.   *adverbe* (Adverb)
f.   *féminin* (weiblich)
fam.   *familier* (umgangssprachlich)
inv.   *invariable* (unveränderlich)
m.   *masculin* (männlich)
pl.   *pluriel* (Plural, Pl.)
qc   *quelque chose* (etwas)
qn   *quelqu'un* (jemand)
etw.   etwas
jdm   jemandem
jdn   jemanden
wörtl.   wörtlich

Verb auf -ir *wie* finir, *p. 147:* Dieses Verb gehört zu den Verben auf **-ir**, die wie **finir** konjugiert werden. Die Konjugation aller Verben findest du auf den Seiten 147–149 im Französischbuch.

▸ Civilisation, p. 144 oder ▸ Carte, p. 145 zeigt dir an, dass du im *Petit dictionnaire de civilisation* (Kleines landeskundliches Wörterbuch) ab Seite 144 im Französischbuch weitere Informationen zu dem Eintrag findest.

▸ Nombres, p. 146 verweist dich auf die Seite im Französischbuch, auf der die Zahlen zu finden sind.

mettre le cap sur qc [mɛtʁləkapsyʁ]   etw. ansteuern   On ~¹ sur New York!

la capitale [lakapital]   die Hauptstadt   Paris, c'est la ~ de la France.
🇬🇧 capital

tu aimerais faire qc [tyɛməʁɛ]   du würdest gerne etw. tun   ~ partir en vacances avec moi?

le tableau / ❗ les tableaux   das Gemälde   Éliane adore les ~² de ce musée.
[lətablo/letablo]

célèbre [selɛbʁ] *m./f. adj.*   berühmt   C'est un acteur très ~.

la visite [lavizit]   der Besuch, die Besichtigung   La ~ de la ville commence à 9 heures.
🇬🇧 visit
→ visiter

gratuit/gratuite [gʁatɥi/gʁatɥit] *adj.*   kostenlos, gratis   Cool! J'achète un tee-shirt et le
deuxième est ~³.

Der Eintritt in alle *musées nationaux* in Paris ist am ersten Sonntag im Monat gratis.

le mois [ləmwa]   der Monat   Je vais au cinéma tous les ~.

haut/haute ['o/'ot] *adj.*	hoch	Cette tour est très ~[4]!
romantique [ʀɔmãtik] *m./f. adj.*	romantisch	«Chez Pierre» est un café très ~.
l'amoureux *m.* **/ l'amoureuse** *f.* [lamuʀø/lamuʀøz]	der Verliebte / die Verliebte	Beaucoup d'~[5] vont au restaurant le 14 février.
amoureux/amoureuse (de qn) [amuʀø/amuʀøz] *adj.*	verliebt (in jdn)	Coralie est ~[6] d'André.
le cadenas [ləkadna]	das Vorhängeschloss	Tu peux mettre le ~ sur la porte?
chic [ʃik] *adj. inv.*	schick	Eugénie est très ~ aujourd'hui.
le magasin [ləmagazɛ̃]	das Geschäft, der Laden	Tu connais le ~ dans la rue Paul?
la glace [laglas]	das (Speise-)Eis	La ~ au citron est bonne.
l'adulte [ladylt] *m./f.* 🏴 adult	der Erwachsene / die Erwachsene	Dans le groupe, il y a 6 ~[7] et 40 enfants.
moins de [mwɛ̃də]	weniger als, *hier:* jünger als	Ses enfants ont ~ 18 ans.
intéressant/intéressante [ɛ̃teʀɛsã/ɛ̃teʀɛsãt] *adj.*	interessant	Ce livre est très ~[8].
la promenade [lapʀɔmnad]	der Spaziergang, die Spazierfahrt	Nous avons fait une ~ dans le parc.

le bateau-mouche / ⚠ les bateaux-mouches [ləbatomuʃ/lebatomuʃ]   *Ausflugsschiff auf der Seine*   Le ~ est super pour visiter Paris.

Paris

la Joconde [laʒɔkɔ̃d] die Mona Lisa *berühmtes Gemälde von Leonardo da Vinci im Louvre*
Léonard de Vinci [leɔnaʀdəvɛ̃si] Leonardo da Vinci *italienischer Maler, der im 15./16. Jahrhundert gelebt hat*
le musée du Louvre [ləmyzedyluvʀ] der Louvre *Kunstmuseum*
le Pont des Arts [ləpɔ̃dezaʀ] *wörtl.: die Brücke der Künste*
les Champs-Élysées [leʃɑ̃zelize] *f. pl. Prachtstraße in Paris*
Berthillon [bɛʀtijɔ̃] *berühmtes Eiscafé*
l'Île Saint-Louis [lilsɛ̃lwi] *f. Insel in der Seine*
les Catacombes [lekatakɔ̃b] *f. pl.* die Katakomben *unterirdische Gewölbe, in denen früher Tote beigesetzt wurden*
Denfert-Rochereau [dɑ̃fɛʀʀɔʃʀo] *Metrostation*
le boulevard Barbès [ləbulvaʀbaʀbɛs] *Straße in Paris*
la Cité des sciences et de l'industrie de la Villette [lasitedesjɑ̃sedələɛ̃dystʀidəlavilɛt] *naturwissenschaftliches Museum*

---

1 met le cap   2 tableaux   3 gratuit   4 haute   5 amoureux   6 amoureuse   7 adultes   8 intéressant

Unité 1 | A ▶ livre, p. 12

se sentir [səsãtiʀ] ⚠ je me **suis** senti(e)	sich fühlen *Verb auf* -ir, *wie* sortir, *reflexives Verb, p. 147–148*	Léo ~[1] bien dans sa classe.
le Parisien / la Parisienne [ləpaʀizjɛ̃/lapaʀizjɛn]	der Pariser / die Pariserin	Marc est ~[2].
le touriste / la touriste [lətuʀist/latuʀist]	der Tourist / die Touristin	Il y a beaucoup de ~[3] à Berlin.
le restaurant [ləʀɛstɔʀɑ̃] *ou* **le resto** [ləʀɛsto] *fam.*	das Restaurant	On va manger au ~ ce soir?
participer à qc [paʀtisipe] 🇬🇧 (to) participate	an etw. teilnehmen	Léon va ~ au concert.
la course [lakuʀs]	das Rennen, der Lauf *z. B. (Rad-)Rennen*	Nesrine a fait une ~ de cinq kilomètres.
le garçon de café [ləgaʀsɔ̃dəkafe]	der Kellner	Le ~ apporte les boissons.
la course des garçons [lakuʀsdegaʀsɔ̃]	der Kellnerwettlauf *Wettrennen, bei dem Kellner/innen mit einem vollen Tablett laufen*	Sonia et Walid vont participer à la ~.
se dépêcher [sədepɛʃe]	sich beeilen *reflexives Verb, p. 148*	Ils ~[4] parce qu'ils sont en retard.

le fou / la folle [ləfu/lafɔl]	der Verrückte / die Verrückte	Je n'aime pas cette ville de ~[5]!
Antoine de Saint-Exupéry [ɑ̃twandəsɛ̃tɛksypeʀi]	*französischer Autor von z. B. „Der kleine Prinz"*	~ a écrit un livre super.
l'arrondissement [laʀɔ̃dismɑ̃] *m.*	*Bezeichnung für die Pariser Stadtbezirke* ▶ Nombres, p. 146	À mon avis, la meilleure boulangerie de Paris est dans le cinquième ~.
le quatorzième arrondissement [ləkatɔʀzjemaʀɔ̃dismɑ̃]	das 14. Arrondissement *Stadtbezirk im Süden von Paris*	La place Denfert-Rochereau est dans le ~.
le matin [ləmatɛ̃] ≠ le soir	der Morgen, morgens	Le musée ouvre ~ à 9 heures.
se lever [sələve] ⚠ je me lève	aufstehen *reflexives Verb, p. 148*	Alexis n'aime pas ~ le matin.
se doucher [səduʃe]	duschen *reflexives Verb, p. 148*	Elle ~[6] toujours le soir.
s'habiller [sabije]	sich anziehen *reflexives Verb, p. 148*	Elle déteste ~ en vêtements chic.
se coiffer [səkwafe]	sich kämmen *reflexives Verb, p. 148*	Karim ne ~[7] jamais pour l'école.
se maquiller [səmakije]	sich schminken *reflexives Verb, p. 148*	Je trouve que tu ~[8] bien.
être content/contente de faire qc [ɛtʀkɔ̃tɑ̃/kɔ̃tɑ̃tdə]	zufrieden/froh sein, etw. zu tun	Lily ~[9] rentrer à la maison.

les gens [leʒɑ̃] *m. pl.*	die Leute	Ici, les ~ sont sympa.
stressé/stressée [stʀese] *adj.*	gestresst	Lucie a trop de devoirs et elle est ~[10].
normal/normale/ ! normaux/ normales [nɔʀmal/nɔʀmo]	normal	Tu as toujours faim, ce n'est pas ~[11]!
la journée [laʒuʀne]	der Tag *in seinem Verlauf*	J'adore passer la ~ à la plage.
tôt [to] *adv.* ≠ tard	früh	7 heures, c'est trop ~!
se coucher [səkuʃe] ≠ se lever	schlafen gehen, sich hinlegen *reflexives Verb, p. 148*	Le soir, je ~[12] à 22 heures.
s'amuser [samyze]	sich amüsieren, Spaß haben *reflexives Verb, p. 148*	On ~[13] bien avec Véro et Élisa!
conduire [kɔ̃dɥiʀ] ! j'**ai** conduit	(Auto) fahren *Konjugation, p. 148*	Mon père n'aime pas ~ la nuit.
le Parkour [ləpaʀkuʀ]	*Sportart* ▶ Civilisation, p. 145	J'adore faire du ~ dans ma ville.
s'entraîner [sɑ̃tʀene]	trainieren, üben *reflexives Verb, p. 148*	Mélissa ~[14] à la piscine.

Einige französische Verben, die du kennst, kannst du auch mit *se* (sich) verwenden.

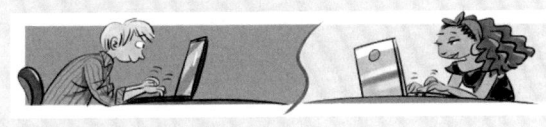

écrire → **s'écrire** (sich etw. schreiben)

regarder → **se** regarder (sich anschauen)

le terrain de jeux [lətɛʀɛ̃dəʒø]   der Spielplatz   On va au ~ après l'école.

.1 se sent 2 Parisien 3 touristes 4 se dépêchent 5 fous 6 se douche 7 se coiffe 8 te maquilles 9 est contente de 10 stressée 11 normal 12 me couche 13 s'amuse 14 s'entraîne

Unité 1 | B ▶ livre, p. 14

il vaut mieux faire qc [ilvomjø]	es ist besser, etw. zu tun	~ prendre le métro.
le chemin [ləʃəmɛ̃]	der Weg	Est-ce que tu connais le ~?
l'arrêt [laʀɛ] *m.*	die Haltestelle	Jéhan attend devant l'~ de bus.
le plan [ləplɑ̃]	der Plan	Je te montre le collège sur le ~ de la ville.
Je suis perdu/perdue. [ʒəsɥipɛʀdy]	Ich weiß nicht mehr, wo ich bin.	Où est la salle de classe? ~!

aller en (métro/RER/bus) [aleɑ̃metro/ɛʀəɛʀ/bys]	mit (der U-Bahn / der S-Bahn / dem Bus) fahren	Annaïck ~[1] métro au concert.
la ligne [laliɲ]	die Station	Il faut prendre la ~ 3 ou 4?
la direction [ladiʀɛksjɔ̃] 🇬🇧 direction	die Richtung	Prends la ligne 6 ~ «Nation».
changer [ʃɑ̃ʒe] ❗ nous changeons ❗ j'ai changé 🇬🇧 (to) change	wechseln, *hier:* umsteigen	On ~[2] ici et on prend la ligne 6.
le RER *(le réseau express régional)* [ləɛʀəɛʀ]	die S-Bahn *in Paris*	Erwan prend le ~ pour aller au collège.
direct/directe [diʀɛkt] *adj.*	direkt	On peut prendre une ligne ~[3]?
descendre [desɑ̃dʀ]	hinabsteigen, *hier:* aussteigen *Verb auf* -dre, *p. 148*	Je ~[4] toujours à «Châtelet».
la station [lastasjɔ̃]	die Station	J'habite près de la ~ de métro «Saint-Michel».

1 va en   2 change   3 directe   4 descends

C'est de l'arnaque! [sɛdəlaʀnak] *fam.*   Das ist Abzocke!   Cinq euros le café?! ~!

le menu [ləməny]   das Menü, die Speisekarte   Dans le ~ à 15 euros, est-ce qu'il y a une boisson?

le poisson [ləpwasɔ̃]   der Fisch   Je préfère le ~ avec des frites.

la viande [lavjɑ̃d]   das Fleisch   Sabrina ne mange pas de ~.

l'escargot [lɛskaʀgo] *m.*   die Schnecke   J'ai trouvé un ~ dans ma salade!

l'entrée [lɑ̃tʀe] *f.*
→ entrer   die Vorspeise   En ~, je voudrais une salade.

Beurk! [bœʀk]   Igitt!, Pfui!   ~! Il y a un escargot dans ma salade!

végétarien/végétarienne
[veʒetaʀjɛ̃/veʒetaʀjɛn] *adj.*   vegetarisch   Maxime préfère les plats ~¹.

servir qc à qn [sɛʀviʀ]   jdm etw. servieren, jdn bedienen
Verb auf -ir, *wie* sortir, *p. 147*   Monsieur, qu'est-ce que je vous ~²?

le serveur / la serveuse
[ləsɛʀvœʀ/lasɛʀvøz]
→ servir   der Kellner / die Kellnerin   Georges est ~³ dans un café.

Un kangourou entre dans un café.
Le kangourou: Un coca, s'il vous plaît.
Le serveur: Oui. Voilà, ça fait 15 euros.
Le kangourou: D'accord, merci.
Le serveur: On ne voit pas souvent des kangourous dans ce café.
Le kangourou: Oui, mais avec le coca à 15 euros, ce n'est pas une surprise …

Je suis désolé/désolée. [ʒəsɥidezɔle]	Es tut mir leid.	~, nous n'avons pas de gâteau.
la terrasse [lateʀas]	die Terrasse	On peut manger à la ~, c'est sympa.
le coca / ⚠ les coca [ləkɔka/lekɔka]	die Cola	J'ai soif. Je voudrais un ~.
la femme [lafam]	die (Ehe-)Frau	La ~ de Marc s'appelle Nathalie.
l'homme [lɔm] *m.*	der Mann, der Mensch	L'~ là-bas, c'est le père d'Isa.
l'addition [ladisjɔ̃] *f.*	die Rechnung	Le serveur apporte l'~.
la sandwicherie [lasɑ̃dwitʃəʀi]	der Imbissstand	On peut acheter une salade à la ~?

l'homme [lɔm] *m.*	der Mann, der Mensch	L'~ là-bas, c'est le père d'Isa.
l'addition [ladisjɔ̃] *f.*	die Rechnung	Le serveur apporte l'~.
la sandwicherie [lasɑ̃dwitʃəʀi]	der Imbissstand	On peut acheter une salade à la ~?
le kébab [ləkebab]	der Döner Kebab	Miam, ce ~ est très bon!
la pizza [lapidza]	die Pizza	J'adore les ~⁴ Margherita.
Bon appétit! [bɔnapeti]	Guten Appetit!	«Voilà vos plats. ~!»

1 végétariens **2** sers **3** serveur **4** pizzas

Unité 1 | D ▸ livre, p. 18

le monument [ləmɔnymɑ̃]	die Sehenswürdigkeit, das Denkmal	La tour Eiffel est un ~ à Paris.
l'exposition [lɛkspozisjɔ̃] *f.*	die Ausstellung	L'~ de tableaux est magnifique.
l'Exposition Universelle [lɛkspozisjɔ̃ynivɛʀsɛl] *f.*	die Weltausstellung *zu Technik, Architektur und Kunsthandwerk*	Ils ont visité l'~ de Hanovre en 2000.
l'architecte [laʀʃitɛkt] *m./f.*	der Architekt / die Architektin	Ma mère est ~.

construire qc [kɔ̃stʀɥiʀ]	etw. bauen, etw. konstruieren *wie* conduire, *p. 148*	Mon oncle va ~ notre maison.
au centre de qc [osɑ̃tʀdə]	im Zentrum von etw.	Berthillon est ~ l'Île Saint-Louis.
à l'époque [alepɔk]	damals, früher	~, Notre-Dame est la plus haute église de France.
mesurer [məzyʀe]	hoch sein, groß sein, messen	La tour ~^{1} 200 mètres.
le million [ləmiljɔ̃]	die Million	2,3 ~^{2} de personnes habitent à Paris.
moderne [mɔdɛʀn] *m./f. adj.*	modern	Cet appartement est très ~.
écologique [ekɔlɔʒik] *m./f. adj.* ou **écolo** [ekɔlo] *adj. inv. fam.*	umweltfreundlich	Notre maison est ~.
l'énergie [lenɛʀʒi] *f.*	die Energie	Léo mange beaucoup pour avoir de l'~.
le soleil [ləsɔlɛj]	die Sonne	À Montpellier, il y a souvent du ~.
le vent [ləvɑ̃]	der Wind	Il y a beaucoup de ~ près de la mer.
le bureau / ⚠ les bureaux [ləbyʀo/lebyʀo]	*hier:* das Büro, *auch:* der Schreibtisch	Le ~ de mon père est dans la rue Martin.
l'étage [letaʒ] *m.*	das Stockwerk, die Etage	J'habite au cinquième ~.

André Citroën [ɑ̃dʀesitʀoɛn]	*französischer Automobilhersteller*	~ est né à Paris.
l'entreprise [lɑ̃tʀəpʀiz] *f.*	das Unternehmen, die Firma	Ma mère est chef d'une ~.
la publicité [lapyblisite] *ou* **la pub** [lapyb] *fam.*	die Werbung	Je déteste les ~³ à la télé.
la voiture [lavwatyʀ]	das Auto	Anne a acheté une ~.
installer qc [ɛ̃stale]	etw. einrichten, etw. installieren	Hier, mon père a ~⁴ l'ordinateur.
Philippe Petit [filippəti]	*französischer Hochseilartist*	~ s'entraîne souvent.
le fil [ləfil]	der Faden, *hier:* das Seil	Elle marche sur un ~.
la Révolution Française [laʀevɔlysjɔ̃fʀɑ̃sɛz]	*die Französische Revolution (1789–1795)*	La ~ a commencé en 1789.
le Palais du Trocadéro [ləpalɛdytʀɔkadeʀo]	*Ausstellungspalast in Paris, der für die Weltausstellung 1878 errichtet wurde*	Le ~ est à Paris.

1 mesure **2** millions **3** publicités **4** installé

Unité 1 | Lecture ▸livre, p. 21

Der Wortschatz der *Lecture* ist fakultativ. Er wird im Folgenden nicht als bekannt vorausgesetzt.

être né/née [etʀne]	geboren sein	Emma ~[1] le 15 juillet.
la langue [lalɑ̃g] 🇬🇧 language	die Sprache, die Zunge	Quelles ~[2] est-ce que tu parles?
tricher [tʀiʃe]	schummeln	Hier, Alain ~[3] à l'interro de maths.
les États-Unis [lezetazyni] *m. pl.*	die Vereinigten Staaten	On va aux ~ pendant les vacances.
se passer [səpɑse]	geschehen, passieren *reflexives Verb, p. 148*	Beaucoup de choses ~[4] hier.
le journal / ❗ **les journaux** [ləʒuʀnal/leʒuʀno]	die Zeitung	Ma mère lit le ~ tous les jours.
l'article [laʀtikl] *m.*	der (Zeitungs-)Artikel	J'ai lu un ~ intéressant sur ce film.
la mission [lamisjɔ̃]	der Auftrag	On m'a donné une ~ importante.
secret/secrète [səkʀɛ/səkʀɛt] *adj.* 🇬🇧 secret	geheim	Le mot de passe est ~[5].
le document [lədɔkymɑ̃]	das Dokument, die Unterlagen	Il a apporté les ~[6] importants.

l'entrée [lɑ̃tʀe] *f.* → entrer	*hier:* der Eingang	L'~ du cinéma est dans la rue Charles.
l'invité *m.* / **l'invitée** *f.* [lɛ̃vite] → inviter	der Gast	Les ~[7] arrivent chez nous à 20 heures.
calculer [kalkyle] 🇬🇧 (to) calculate	rechnen, ausrechnen	Adrien ~[8] combien vont coûter les courses.
naïf/naïve [naif/naiv] *adj.*	naiv	Axel est très ~[9].
comme [kɔm]	da, weil *Konjunktion am Anfang eines Satzes*	~ je n'ai pas d'argent, je ne sors pas.

1 est née 2 langues 3 a triché 4 se sont passées 5 secret 6 documents 7 invités 8 calcule 9 naïf

1 Complète les phrases.

LÖSUNG
S. 94

1. Am ersten Sonntag im Monat ist **der Besuch** der Museen **kostenlos**.

   Le premier dimanche du mois, _____ des musées est _____.

2. Berlin ist **die Hauptstadt** von Deutschland.

   Berlin est _____ de l'Allemagne.

3. Mimie Mathy ist in Frankreich eine **berühmte** Schauspielerin.

   Mimie Mathy est une actrice _____ en France.

4. Der Eiffelturm ist sehr **hoch**.

   La tour Eiffel est très _____.

2 Comment est-ce qu'on dit en français? Note les expressions.

LÖSUNG
S. 94

So sagst du ...

1. ... dass etwas eine Abzocke ist.   _____

2. ... dass dir etwas leid tut.   _____

3. „Guten Appetit!".   _____

4. ... dass du dich hier wohlfühlst.   _____

3 Trouve le contraire.

LÖSUNG
S. 94

1. tard   ≠ tôt_____   4. monter dans ≠ _____

2. se lever ≠ _____ 5. traditionnel ≠ _____

3. le soir ≠ _____ 6. Miam! ≠ _____

4 **Pour aller au Palais du Trocadéro en métro? Complète.**

LÖSUNG S. 94

Julien: Pardon, madame. Je _____ *(weiß nicht mehr, wo ich bin)*. Pour aller au Palais

du Trocadéro _____ *(mit der Metro)*, il faut prendre quelle ligne? Je ne trouve pas

_____ *(den Weg)* sur _____ *(dem Plan)*.

La dame: Là-bas est _____ *(die Station)* «Châtelet». D'abord, tu prends _____

(die Linie) 1 direction «La Défense» jusqu'à «Franklin D. Roosevelt». Là, tu _____

(umsteigen). Après, tu _____ *(nehmen)* la ligne 9 _____ *(Richtung)* «Pont des

Sèvres», c'est _____ *(direkt)*. Et tu _____ *(aussteigen)* à la station «Trocadéro».

5 **Retrouve les verbes pronominaux.**

LÖSUNG S. 94

se/s'

1. ntiser _____ 4. ermsua _____

2. chepêrdé _____ 5. llquermai _____

3. eourdch _____ 6. eroicff _____

Unité 2 | Approches ▶livre, p. 28

l'amour [lamuʀ] *m.* → amoureux/amoureuse	die Liebe	Mélanie lit des histoires d'~.
l'amitié [lamitje] *f.* → l'ami / l'amie	die Freundschaft	L'~ est une chose très importante.
le/la pote [lə/lapɔt] *fam.*	der Freund / die Freundin, der Kumpel	Robert est mon meilleur ~.
le rendez-vous [ləʀɑ̃devu]	die Verabredung, der Termin	Nico a un ~ avec le chef.
la paille [lapaj]	der Strohhalm	Je voudrais mon coca avec une ~.
la tente [latɑ̃t]	das Zelt	Richard aime dormir sous la ~.
où [u]	wo, *hier:* in dem, in der *Relativpronomen*	C'est un restaurant ~ on mange bien.
le délire [lədeliʀ]	der Wahnsinn	Faire du Parkour, c'est le ~!
froid/froide [fʀwa/fʀwad] *adj.* ≠ chaud/chaude	kalt	Beurk! Les spaghettis sont ~[1]!
Il fait froid. [ilfɛfʀwa] ≠ Il fait chaud.	Es ist kalt.	~ dans ta chambre!

le petit copain / la petite copine [ləpətikɔpɛ̃/lapətitkɔpin]	der (feste) Freund / die (feste) Freundin	Juliette, c'est ma ~².
J'en ai déjà un/une. [ʒɑ̃nedeʒaɛ̃/yn]	Ich habe schon einen/eine.	Je ne veux pas ton lecteur mp3. ~³!
il me reste encore qn/qc [ilməʀɛstɑ̃kɔʀ]	mir bleibt noch jd/etw., ich habe noch jdn/etw.	Ça va. ~ un peu de mon argent de poche.
le mode d'emploi [ləmɔddɑ̃plwa]	die Gebrauchsanweisung	Je ne comprends pas ce ~.
rigoler [ʀigɔle] *fam.*	lachen, Spaß haben	On ~⁴ souvent en classe.
se remonter le moral [səʀəmɔ̃teləmɔʀal]	sich die schlechte Laune vertreiben, sich aufmuntern	Pour ~, on danse.
tout [tu]	alles *Indefinitpronomen*	Tu as vraiment ~ compris?
s'entraider [sɑ̃tʀede] → aider	sich gegenseitig helfen *reflexives Verb, p. 148*	Julie et Max ~⁵ pour les devoirs.

1 froids 2 petite copine 3 J'en ai déjà un 4 rigole 5 s'entraident

Unité 2 | A ▶ livre, p. 30

que [kə]	den/die/das *Relativpronomen (Objekt des Nebensatzes)*	Le gâteau au citron, c'est un dessert ~ j'adore.
qui [ki]	der/die/das *Relativpronomen (Subjekt des Nebensatzes)*	J'ai un ami ~ est toujours content.
pareil/pareille [paʀɛj] *adj.*	gleich	Abel et moi, on n'est pas ~[1].
j'ai connu qn [ʒɛkɔny]	ich habe jdn kennengelernt	~ Eva au collège.
la maternelle [lamatɛʀnɛl] *ou* **l'école maternelle** [lekɔlmatɛʀnɛl] *f.*	der Kindergarten	Mon petit frère est à la ~.
déménager [demenaʒe] ‼ nous déménageons ‼ j'ai déménagé	umziehen *von einem Ort an einen anderen*	Ma famille va ~ à Munich.
partager qc [paʀtaʒe] ‼ nous partageons	etw. teilen	Azélie ~[2] sa chambre avec son frère.
le/la même [lə/lamɛm]	der-/die-/dasselbe, der/die/das gleiche	Cool! On a ~[3] portable.

le secret [ləsəkʀɛ] 🇬🇧 secret	das Geheimnis	Je dis tous mes ~[4] à ma copine.
l'un / l'une pour l'autre [lɛ̃/lynpuʀlotʀ]	füreinander, *hier:* voreinander	Zac et Tom n'ont pas de secrets ~[5].
la confiance [lakɔ̃fjɑ̃s]	das Vertrauen	La ~, c'est important.
avoir confiance en qn [avwaʀkɔ̃fjɑ̃sɑ̃]	Vertrauen in jdn haben	Malo ~[6] son prof.
différent/différente [difeʀɑ̃/difeʀɑ̃t] *adj.* 🇬🇧 different ≠ pareil/pareille	verschieden, anders	Chez nous, c'est ~[7]. On ouvre les cadeaux de Noël le 25.
le défaut [lədefo]	der Fehler, die Schwäche	Il parle trop: c'est son ~.
ne ... pas du tout [nəpadytu]	überhaupt nicht	Je ~ suis ~ d'accord avec toi.
surtout [syʀtu]	vor allem	Djénaé aime ~ aller à la mer.
la qualité [lakalite] ≠ le défaut	die Qualität, die positive Eigenschaft	La ~ de ce pantalon est bonne.
intello [ɛ̃tɛlo] *adj. inv. fam.*	intellektuell, *hier:* strebsam	Maëva est un peu ~.
raconter qc à qn [ʀakɔ̃te]	jdm etw. erzählen	Armel ~[8] une histoire à son frère.

plein de [plɛ̃də] *fam.* ≠ peu de	viel/viele	Maël a acheté ~ cadeaux.
la blague [lablag]	der Witz	Cette ~ est très drôle.

La mère de Toto lui demande:
– Qu'est-ce que tu fais?
– Rien.
– Et ton frère?
– Il m'aide!

1 pareils 2 partage 3 le même 4 secrets 5 l'un pour l'autre 6 a confiance en 7 différent 8 raconte

Unité 2 | B ▸livre, p. 32

plutôt [plyto] *adv.*	eher	Je ne vais pas au cinéma. Je vais ~ rester chez moi.
avoir le moral [avwaʀləmɔʀal]	gut drauf sein	Aaron n'~ pas ~[1] parce qu'il a plein de devoirs.
qu'est-ce qui [kɛski]	was *Fragewort als Subjekt*	~ ne va pas?

discuter de qc avec qn [diskytedə]	etw. mit jdm besprechen	Tu as ~[2] ton projet avec Victor?
l'été [lete] *m.*	der Sommer	Cet ~, je vais aller à la plage.
la bande de copains [labɑ̃ddəkɔpɛ̃]	die Gruppe von Freunden	Thibault part en vacances avec sa ~.
qui est-ce qui [kiɛski]	wer *Fragewort als Subjekt*	~ veut jouer au foot avec moi?
la chance [laʃɑ̃s]	das Glück	Sandrine a de la ~: elle a trouvé 5 euros dans la rue!
intéresser qn [ɛ̃teʀɛse] → intéressant/intéressante	jdn interessieren	Ce jeu vidéo ~[3] Clément.

1 n'a pas le moral **2** discuté de **3** intéresse

Unité 2 | C ▶ livre, p. 34

la tête [latɛt]	der Kopf	J'ai cette chanson dans la ~ depuis hier!
le refrain [ləʀəfʀɛ̃]	der Refrain	J'adore le ~ de cette chanson.
amuser qn [amyze]	jdn unterhalten, jdn amüsieren	Le chat ~[1] beaucoup Simon.
la muse [lamyz]	die Muse *Inspirationsquelle*	Tu es formidable, tu es ma ~!

emmener qn [ãməne] ⚠ j'emmène	jdn mitnehmen	Rébecca ~² son frère a l'école.
le cœur [ləkœʀ]	das Herz	Mon tatouage, c'est un ~ rouge.
quand [kã]	wenn, immer wenn	~ j'ai faim, je mange un fruit.
malheureux/malheureuse [maløʀø/maløʀøz] *adj.*	unglücklich	Quentin est ~³ parce qu'il a perdu son chat.
à deux [adø]	zu zweit	On fait toujours du canoë ~.
joyeux/joyeuse [ʒwajø/ʒwajøz] *adj.*	fröhlich	Ma cousine est toujours ~⁴.
triste [tʀist] *m./f. adj.* ≠ joyeux/joyeuse	traurig	Pourquoi est-ce que tu es ~?
à fond [afɔ̃]	*hier:* auf voller Lautstärke	Il écoute toujours du métal ~.
heureux/heureuse [øʀø/øʀøz] *adj.* ≠ malheureux/malheureuse	glücklich	Nadège et Olivier sont très ~⁵ ensemble.

1 amuse   2 emmène   3 malheureux   4 joyeuse   5 heureux

tu voudrais [tyvudʀɛ]	du möchtest	Qu'est-ce que ~ manger?
mini- [mini] *adj. inv.*	Mini- + *Nomen*	J'ai préparé des ~-gâteaux.
le thème [lətɛm]	das Thema	Tu aimes le ~ de ce livre?
Les Aventures de Tintin [lezavɑ̃tyʀdətɛ̃tɛ̃]	Die Abenteuer von Tim und Struppi ▸ Civilisation, p. 145	J'ai vu ~ au cinéma.
Tintin [tɛ̃tɛ̃]	Tim *belgischer Comic-Held*	Elle adore les bédés avec ~.
le reporter [ləʀəpɔʀtɛʀ]	der Reporter	Mon oncle est ~ pour la télé.
courageux/courageuse [kuʀaʒø/kuʀaʒøz] *adj.*	mutig	Sa mère n'a pas peur, elle est très ~[1]!
Milou [milu]	Struppi	~, c'est le chien de Tintin.
vieux *m.* / **vieil** *m.* / **vieille** *f.* [vjø/vjɛj] *adj.*	alt	Mon lecteur mp3 a 5 ans: il est ~[2]!
la licorne [lalikɔʀn]	das Einhorn	Une ~, c'est un peu comme un cheval.

⚠ long / longue [lɔ / lɔg]	lang	Hélène a les cheveux ~[3].
le voyage [ləvwajaʒ]	die Reise	J'ai fait des photos pendant le ~.
nouveau *m.* **/ nouvel** *m.* **/ nouvelle** *f.* [nuvo/nuvɛl] *adj.* ≠ vieux/vieil/vieille	neu	Margot, c'est la ~[4] copine de Damien.
le/la capitaine [lə/lakapitɛn]	der Kapitän / die Kapitänin	Mon père est le ~ de ce bateau.
l'alcool [lalkɔl] *m.*	der Alkohol	Corentin ne prend jamais des boissons avec de l'~.
beau *m.* **/ bel** *m.* **/ belle** *f.* [bo/bɛl] *adj.* ≠ moche	schön	Célia est très ~[5].
la scène [lasɛn]	die Szene	C'est la ~ du film que je préfère.
les effets spéciaux [lezefɛspesjo] *m. pl.*	die Spezialeffekte	Les ~ de ce film sont super!
le film d'animation [ləfilmdanimasjɔ̃]	der Animationsfilm	Je trouve que les ~[6] sont pour les enfants.
à voir [avwaʀ]	*hier:* den man sehen muss	C'est un film ~ en français.
la bande-annonce [labɑ̃danɔ̃s]	der Film-Trailer, die Vorschau	Tu as déjà vu la ~ de Spiderman 5?

Il me plaît.
Er gefällt mir.

Elles ne me plaisent pas.
Sie gefallen mir nicht.

plaire à qn [plɛʀ]	jdm gefallen *Konjugation, p. 149*	Mon jean me ~[7] beaucoup.
No et moi [noemwa]	No & ich *französischer Roman und Film*	J'ai acheté ~ en DVD.
jeune [ʒœn] *m./f. adj.* → le/la jeune ≠ vieux/vieil/vieille	jung	Tu es encore ~!
avoir envie de faire qc [avwaʀɑ̃vidə]	auf etw. Lust haben, Lust haben, etw. zu tun	J'~[8] faire une promenade.
Zabou Breitman [zabubʀajtman]	*französische Regisseurin und Schauspielerin*	Il regarde tous les films de ~.

ça m'intéresse [samɛ̃teʀɛs]   das interessiert mich   Les bédés, ~ beaucoup.
→ intéressant/intéressante

en général [ɑ̃ʒeneʀal]   im Allgemeinen   ~, je n'aime pas faire du foot.
🇬🇧 in general

l'émission [lemisjɔ̃] *f.*   die Sendung   Tu as regardé l'~ à la télé, hier?

1 courageuse   2 vieux   3 longs   4 nouvelle   5 belle   6 films d'animation   7 plaît   8 ai envie de

Unité 2 | Lecture ▶livre, p. 39

Der Wortschatz der *Lecture* ist fakultativ. Er wird im Folgenden nicht als bekannt vorausgesetzt.

embrasser qn [ɑ̃bʀase]   jdn küssen   Hier, j'ai ~¹ Élina!

garder qc [gaʀde]   etw. behalten, etw. aufbewahren   Je ~² ce secret pour moi.

seul/seule [sœl] *adj.*   allein   Léa doit rester ~³ à la maison.

avoir honte de qn/qc [avwaʀ'ɔ̃t]   sich wegen jdm/etw. schämen   J'~⁴ mon père quand il danse!

le rêve [ləʀɛv]   der Traum   Des vacances à la mer, c'est le ~!
→ rêver

magique [maʒik] *m./f. adj.*	magisch	Paris, c'est un endroit ~.
s'éloigner de qn/qc [selwaɲe] → loin	sich von jdm/etw. entfernen *reflexives Verb, p. 148*	Clara, tu ne ~ pas ~⁵ la maison, d'accord?
le coup de foudre [ləkudəfudʀ]	die Liebe auf den ersten Blick	Je ne crois pas au ~.
compter pour qn [kɔ̃tepuʀ]	jdm etw. bedeuten	Lucie ~ beaucoup ~⁶ moi.
avoir confiance en soi [avwaʀkɔ̃fjɑ̃sɑ̃swa]	Selbstvertrauen haben	Il faut ~.

1 embrassé 2 garde 3 seule 4 ai honte de 5 t'éloignes ... de 6 compte ... pour

1 Complète les phrases.

LÖSUNG S.94

1. Ich bin mit **meinem festen Freund** verabredet.

J'ai rendez-vous avec _____.

2. Kann ich **einen Strohhalm** für meine Cola haben?

Est-ce que je peux avoir _____ pour mon coca?

3. Meiner Meinung nach sind Rettungsschwimmer sehr **mutig**.

À mon avis, les sauveteurs sont très _____.

4. Ich **habe Lust** einen Animationsfilm zu sehen.

J'_____ voir un film d'animation.

5. Dein neues Kleid **gefällt mir** sehr.

Ta nouvelle robe _____ beaucoup.

2 Qu'est-ce qui va ensemble? Relie les mots et traduis les expressions.

LÖSUNG S.94

Il fait **1**   **a** pour l'autre _____

J'en ai **2**   **b** reste encore quelque chose. _____

l'un **3**   **c** froid. _____

il me **4**   **d** d'emploi _____

le mode **5**   **e** déjà une. _____

3 L'amitié, qu'est-ce que ça veut dire? Retrouve les expressions qui vont avec le thème et traduis-les.

LÖSUNG
S. 94

> ne pas partager   aimer les défauts de l'autre   déménager   être triste   se comparer
> s'entraider   ne jamais appeler   se contrôler   rigoler ensemble   se raconter ses problèmes
> être nouveau/nouvelle   ne pas avoir de secrets l'un pour l'autre   se remonter le moral
> se détester   devoir passer du temps ensemble   partager tout   frimer   avoir confiance

_____

_____

_____

_____

4 Quel mot est-qu'on cherche? Note les mots avec l'article défini si nécessaire.

LÖSUNG
S. 95

cnhaec   neett   nfieréftds   otpe

1. Nous ne sommes pas pareils, nous sommes très _____ .

2. On a fait du camping, on a dormi sous _____ .

3. Elle a retrouvé sa clé, elle a de _____ .

4. Ils s'entraident, ils se remontent le moral – il est son meilleur _____ .

Unité 3 | **Approches** ▶livre, p. 46

c'est la même chose que [sɛlamɛmʃozkə]	das ist das Gleiche wie	La cinquième, ~ la «7. Klasse».
bosser [bɔse] *fam.* = travailler	arbeiten, schuften	Je ~¹ au restaurant cet été.
le brevet [ləbʀəvɛ]	*Abschluss nach dem Collège*	En troisième, Elsa prépare le ~.
l'examen [lɛgzamɛ̃] *m.*	die (Abschluss-)Prüfung	Le brevet est l'~ en troisième.
passer (un examen) [pase]	(eine Prüfung) machen	On est stressés parce qu'on ~² un examen.
la fin [lafɛ̃]	das Ende	Nous sommes tristes parce que c'est la ~ des vacances.
prochain/prochaine [pʀɔʃɛ̃/pʀɔʃɛn] *adj.*	nächster/nächste/nächstes	L'année ~³, Marco va passer le brevet.
le lycée [ləlise]	die gymnasiale Oberstufe, das Gymnasium	À 15 ans, Isa va au ~.

Die Klassen im *collège* und im *lycée* werden rückwärts gezählt.

le collège:
la sixième (= 6. Klasse)
la cinquième (= 7. Klasse)
la quatrième (= 8. Klasse)
la troisième (= 9. Klasse)

le lycée:
la seconde (= 10. Klasse)
la première (= 11. Klasse)
la terminale *(= die Abschlussklasse)*

le lycée professionnel [ləliseprɔfesjɔnɛl] *ou* **le lycée pro** [ləlisepRo] *fam.*	das berufliche Gymnasium	Après le brevet, Martin va en ~.
l'apprentissage [lapRãtisaʒ] *m.* → apprendre	die Lehre, die Ausbildung	Jérôme fait un ~ pendant 3 ans.
vite [vit] *adv.*	schnell	~! Les filles attendent déjà.
l'école primaire [lekɔlpRimɛR] *f.*	die Grundschule	Ma sœur a 8 ans et elle va à l'~.
le baccalauréat [ləbakalɔRea] *ou* **le bac** [ləbak] *fam.*	das Abitur	Noah passe son ~ cet été.

le bac général das allgemeine Abitur
le bac techno(logique) das Abitur *mit technischem Schwerpunkt*
le bac pro(fessionnel) das Fachabitur
le CAP (le certificat d'aptitude professionnelle) *Abschluss nach einer zweijährigen Facharbeiterausbildung*

le CFA *(le Centre de Formation d'Apprentis)* [ləseɛfa]	die Berufsschule	Je fais mon apprentissage au ~ de Montpellier.

Unité 3 | A ▶livre, p. 48

C'est le pied! [sɛləpje]	Das ist total cool!	La mer et la plage, ~!
l'échange [leʃɑ̃ʒ] *m.* → changer	der Austausch	Notre classe fait un ~ avec un collège en France.
la rédaction [laʀedaksjɔ̃]	die Redaktion	Paul travaille à la ~ de Magajeunes.
autre [otʀ] *m./f. adj.*	anderer/andere/anderes	Je préfère l'~ acteur.
terminer qc [tɛʀmine] ≠ commencer	etw. beenden, *hier:* Schluss haben	On ~¹ l'école à 17 heures: c'est tard!
sévère [sevɛʀ] *m./f. adj.*	streng	Ma grand-mère est ~.
sauf [sof]	außer	J'aime tous les fruits ~ les pommes.
la physique [lafizik]	die Physik	Ma matière préférée, c'est la ~.

l'exception [lɛksɛpsjɔ̃] *f.* 🇬🇧 exception	die Ausnahme	Charlie peut se lever à 11 heures le dimanche, mais c'est l'~.
croire qn/qc [kʀwaʀ]	jdm/etw. glauben *Konjugation, p. 148*	Il ~[2] qu'il n'a pas fait de fautes.
que [kə]	dass	Je crois ~ ma tante habite à Gap.
le correspondant / la correspondante [ləkɔʀɛspɔ̃dā/lakɔʀɛspɔ̃dāt] *ou* le/la corres [lə/lakɔʀɛs] *fam.*	der Austauschpartner / die Austauschpartnerin	Mon ~[3] français s'appelle Félix.
libre [libʀ] *m./f. adj.*	frei	On a beaucoup de temps ~ aujourd'hui.
le niveau [lənivo]	das Niveau	Bachar a un bon ~ en maths.
l'Allemand *m.* / l'Allemande *f.* [lalmā/lalmād]	der/die Deutsche	Je trouve que les ~[4] sont bons en anglais.
meilleur/meilleure [mɛjœʀ] *adj.*	besser	Ton gâteau est ~[5] que le gâteau de Luc.
le Français / la Française [ləfʀāsɛ/lafʀāsɛz]	der Franzose / die Französin	Les ~[6] arrivent demain.

j'espère que [ʒɛspɛʁkə]	ich hoffe, dass	~ mon copain va m'inviter au cinéma.
interroger qn [ɛ̃teʁɔʒe] **!** nous interrogeons	*hier:* jdn abfragen, jdn prüfen	Bastien n'aime pas quand le prof l'~7.
le pain [ləpɛ̃]	das Brot	Le ~ est bon dans ta boulangerie!
le repas [ləʁəpa]	das Essen, die Mahlzeit	On mange nos ~ à la cuisine.
l'expérience [lɛkspeʁjãs] *f.* 🇬🇧 experience	die Erfahrung	Antoine n'a pas encore d'~ dans le monde du travail.
l'actualité [laktɥalite] *f.*	die aktuellen Nachrichten	Tu es au courant des ~8 en France?
la jeunesse [laʒœnɛs] → jeune	die Jugend	Ma grand-mère parle souvent de sa ~.
franco-allemand/franco-allemande [fʁãkoalmã/fʁãkoalmãd] *adj.*	deutsch-französisch	C'est une école ~9.

1 termine 2 croit 3 correspondant 4 Allemands 5 meilleur 6 Français 7 interroge 8 actualités 9 franco-allemande

plus de qc [plysdə] | mehr von etw. | Je voudrais avoir ~ vacances.

la cafétéria [lakafeteʀja] | die Cafeteria | On va manger à la ~ à midi?
ou **la cafèt'** [lakafɛt] *fam.*

moins de qc [mwɛ̃də] | weniger von etw. | Lucas veut manger ~ viande.

Il y a peu d'ordinateurs. | Je voudrais **plus d**'ordinateurs.
On a beaucoup de devoirs. | Je voudrais **moins de** devoirs.

---

il nous manque [ilnumɑ̃k] | uns fehlt/fehlen | Zut! ~ 3 euros pour acheter le cadeau!

j'aimerais [ʒɛməʀɛ] | ich hätte gerne, ich würde gerne | ~ avoir un chien.

par exemple [paʀɛgzɑ̃pl] | zum Beispiel | Il faut des boissons, ~ du coca.

le distributeur de boissons | der Getränkeautomat | Il y a du jus d'orange dans le ~?
[lədistʀibytœʀdəbwasɔ̃]

poster qc [pɔste] | etw. posten *im Internet* | Hier, Arif a ~[1] un commentaire.

le programme [ləpʀɔgʀam] | das Programm | Guy a effacé le ~ de son ordinateur.

la violence [lavjɔlɑ̃s]
🇬🇧 violence

die Gewalt

Est-ce qu'il y a de la ~ dans ton école?

le médiateur / la médiatrice
[ləmedjatœʀ/lamedjatʀis]

der Streitschlichter /
die Streitschlichterin

~ a aidé Laurent.

le conflit [ləkɔ̃fli]

der Konflikt

Je déteste les ~² à la maison.

fermé/fermée [fɛʀme] *adj.*
≠ ouvert/ouverte

geschlossen

La boulangerie est ~³ aujourd'hui.

le/la documentaliste
[lə/ladɔkymɑ̃talist]

der Bibliothekar / die
Bibliothekarin *Person, die in der
Schulbibliothek arbeitet*

~ du CDI est très sympa.

malade [malad] *m./f. adj.*

krank

Dalila est ~ et elle reste au lit.

la technologie [latɛknɔlɔʒi]
ou **la techno** [latɛkno] *fam.*

der Werk- und Informatik-
unterricht *Schulfach*

J'adore les cours de ~.

avoir la possibilité de faire qc
[avwaʀlapɔsibilitedə]
🇬🇧 possibility

die Möglichkeit haben, etw. zu tun

Tu as la ~ faire de l'escalade cet été?

la récréation [laʀekʀeasjɔ̃]
ou **la récré** [laʀekʀe] *fam.*

die Pause

Je mange toujours une tartine à la ~.

| **ça suffit** [sasyfi] | das genügt, das reicht | Ne fait pas l'idiot! ~! |
| **il suffit de (faire) qc** [ilsyfidəfɛʀ] | es reicht, etw. (zu tun) | Souvent, ~ demander. |

1 posté **2** conflits **3** fermée

Unité 3 | C ▶ livre, p. 52

agir [aʒiʀ]	handeln, etw. unternehmen *Verb auf* -ir, *wie* finir, *p. 147*	Il faut ~ contre la violence!
l'action [laksjɔ̃] *f.*	die Aktion	On organise une ~ pour l'écologie.
la réunion [laʀeynjɔ̃]	das Treffen, die Sitzung	La ~ est à 9 heures.
l'écologie [lekɔlɔʒi] *f.* → écologique	die Ökologie	Il y a des cours d'~ au lycée?
jeter qc [ʒəte] ❗ je jette	etw. (weg)werfen	Je ne ~[1] jamais mes fringues.
le stylo [ləstilo]	der Kugelschreiber	Est-ce que tu as un ~ pour moi?
la poubelle [lapubɛl]	der Mülleimer	Quoi?! Tu mets ton portable à la ~?
le théâtre [ləteatʀ]	das Theater	Mes parents vont au ~ ce soir.

finir qc [finiʀ] ≠ commencer	etw. beenden *Konjugation, p. 147*	Anne ~[2] ses devoirs avant le dîner.
la phrase [lafʀɑz]	der Satz	Écris cinq ~[3] au passé composé.
Charles Péguy [ʃaʀlpegi]	*französischer Schriftsteller (1873–1914)*	Je vais au collège ~.
le sponsor [ləspõnsɔʀ]	der Sponsor / die Sponsorin	Qui est le ~ de notre équipe?
chaque [ʃak] + *nom*	jeder/jede + *Nomen*	La prof a corrigé ~ interro.
le pays [ləpei]	das Land	La France, c'est un ~ formidable!
l'ONG *(l'Organisation Non Gouvernementale)* [loɛnʒe] *f.*	die Nichtregierungsorganisation (NRO *oder* NGO)	Ma tante travaille pour une ~.
choisir qc [ʃwazir] 🏴 (to) choose	etw. wählen, etw. auswählen *Verb auf* -ir, *wie* finir, *p. 147*	Rouge ou orange? Il faut ~.
le Tchad [lətʃad]	der Tschad *Binnenstaat in Zentral-afrika, in dem auch Französisch gesprochen wird*	Mon cousin habite au ~.
le slogan [ləslɔgã]	der Slogan	Le ~ de cette publicité est nul.
le logo [ləlogo]	das Logo	Qui a dessiné le ~ de cette entreprise?

chacun/chacune (d'entre vous) [ʃakɛ̃/ʃakyndɛytʀvu]	jeder/jede (von euch)	~⁴ doit apporter des boissons.
s'engager [sɑ̃gaʒe] ❗ nous nous engageons	sich engagieren *reflexives Verb, p. 148*	Rafik ~⁵ contre la violence au collège.
réfléchir [ʀefleʃiʀ]	nachdenken, überlegen *Verb auf* -ir, *wie* finir, *p. 147*	Joséphine ~⁶ d'abord, puis elle répond.

1 jette **2** finit **3** phrases **4** Chacun/Chacune **5** s'engage **6** réfléchit

Unité 3 | D ▸ livre, p. 54

le papy [ləpapi] *fam.*	der Opa	Je vais chez mon ~ aujourd'hui.
la mamie [lamami] *fam.*	die Oma	Ma ~ fait des gâteaux super.
quand [kɑ̃]	wenn, *hier:* als	~ j'étais petit, je n'aimais pas les bédés.
autrefois [otʀəfwa] = à l'époque ≠ aujourd'hui	früher, damals	~, il n'y avait pas de voitures.
l'informatique [lɛ̃fɔʀmatik] *f.*	die Informatik	Dans la salle d'~, il y a 17 ordinateurs.

par contre [paʁkɔ̃tʁ]	jedoch, allerdings	Je déteste danser. ~, j'adore chanter.
la menuiserie [ləmənɥizʁi]	das Tischlern, das Schreinern	Nolwenn apprend la ~.
la gymnastique [laʒimnastik]	die Gymnastik	Tu fais de la ~ tous les matins?
l'hiver [livɛʁ] *m.*	der Winter	Il fait très froid cet ~.
la balle aux prisonniers [labaloprizɔnje]	Völkerball	Vous voulez jouer à la ~?

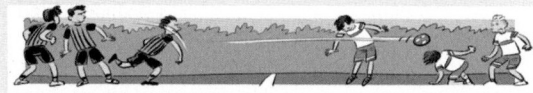

jouer **à** la balle aux prisonniers

jouer **du** piano

Weißt du noch? Du verwendest *jouer à* bei Spielen und Sportarten, *jouer de* bei Instrumenten.

le scoubidou [ləskubidu]	*bunte, geknüpfte Plastikbänder*	Azra a fait un ~ rouge et vert.
parfois [paʁfwa]	manchmal	~, je vais à la piscine.
fumer [fyme]	rauchen	Sophie ne ~[1] plus.
en cachette [ɑ̃kaʃɛt]	heimlich	Je suis sortie ~ avec mes copains.

risqué/risquée [ʀiske] *adj.*	riskant	Ne va pas dans la mer ici. C'est trop ~²!
partout [paʀtu]	überall	C'est horrible! Il y a des voitures ~!
la radio [laʀadjo]	das Radio	J'écoute la ~ sous la douche.
Salut les copains [salylekɔpɛ̃]	*ehemaliges französisches Jugendmagazin*	Tu lisais ~?
le magazine [ləmagazin]	das Magazin, die Zeitschrift	Dilek lisait ce ~ tous les mois.
de l'époque [dəlepɔk]	von früher	Les robes ~ étaient moches!
Johnny Hallyday [dʒonialide]	*französischer Rocksänger (geb. 1943) einer der größten Stars des französischen Show-Business*	Je déteste la musique de ~.
Sylvie Vartan [silvivaʀtɑ̃]	*französische Popsängerin (geb. 1944) Teenage-Idol in den 1960er Jahren in Frankreich*	~ est une chanteuse sympa.
Louis de Funès [lwidəfynɛs]	*französischer Schauspieler (1943–1983)* ▶ Civilisation, p. 144	J'ai vu un film avec ~.
le flipper [ləflipœʀ]	der Flipper *Spielautomat*	Tu veux jouer au ~ avec moi?
seulement [sœlmɑ̃] *adv.*	nur, erst	~ 5 personnes étaient à la fête.

le franc [ləfʀɑ̃]	der Franc *ehemalige Währung in Frankreich*	Avant l'euro, un croissant coûtait 3 ~³.

1 fume **2** risqué **3** francs

Unité 3 | Lecture ▸livre, p. 57

Der Wortschatz der *Lecture* ist fakultativ. Er wird im Folgenden nicht als bekannt vorausgesetzt.

se présenter comme [səpʀezɑ̃tekɔm] + *nom*	*hier:* kandidieren als + *Nomen reflexives Verb, p. 148*	Il ~¹ principal.
le délégué / la déléguée [lədelege/ladelege]	*hier:* der Klassensprecher / die Klassensprecherin	Amandine est la ~² de notre classe.
le représentant / la représentante [ləʀəpʀezɑ̃tɑ̃/laʀəpʀezɑ̃tɑ̃t]	der Vertreter / die Vertreterin	Madame N'Diaye est la ~³ des parents d'élèves.
voter pour qn/qc [vɔtepuʀ]	jdn/etw. wählen	Je ~⁴ Mathis.
sérieux/sérieuse [seʀjø/seʀjøz] *adj.*	ernst	Le prof de sport est toujours ~⁵.
la discussion [ladiskysjɔ̃] → discuter de qc	die Diskussion	Hier, j'ai eu une ~ avec mon père.

donner la parole à qn [dɔnelapaʀɔl]	jdm das Wort erteilen	Le prof ~6 à Souleymane.
prendre des notes [pʀɑ̃dʀdenɔt]	sich Notizen machen, mitschreiben	Il faut ~ en cours d'histoire-géo.
informer qn de qc [ɛ̃fɔʀme] → l'information *f.*	jdm etw. mitteilen	Le délégué ~7 la classe des devoirs de français.
le résultat [ləʀezylta] 🇬🇧 result	das Ergebnis	Est-ce que tu as eu les ~8 de l'examen?
demander à qn de faire qc [dəmɑ̃de]	jdn bitten, etw. zu tun	Ma mère ~9 à mon frère d'acheter du pain.
le résumé [ləʀezyme]	die Zusammenfassung	Tu as lu le ~ du film?
la responsabilité [laʀɛspɔ̃sabilite] 🇬🇧 responsability	die Verantwortung	Les délégués ont beaucoup de ~10.
décider [deside] 🇬🇧 (to) decide	entscheiden	Le principal aime ~.

1 se présente comme 2 déléguée 3 représentante 4 vote pour 5 sérieux 6 donne la parole 7 informe 8 résultats
9 demande 10 responsabilités

1 Complète les phrases.

LÖSUNG
S. 95

1. **Als** ich 15 Jahre alt war, bin ich **heimlich** mit meinen Freunden ausgegangen.

   _____ j'avais quinze ans, je suis sortie _____ avec mes amis.

2. **Ich hoffe, dass** wir viel freie Zeit haben werden.

   _____ on va avoir beaucoup de temps libre.

3. Die Cafeteria ist heute **geschlossen**.

   La cafétéria est _____ aujourd'hui.

4. **Jeder** aus meiner Klasse hat einen Austauschpartner.

   _____ de ma classe a un correspondant.

5. Ich hasse Katzen. **Jedoch** liebe ich Hunde.

   Je déteste les chats. _____ , j'adore les chiens.

2 Comment est-ce qu'on dit en français? Note les expressions.

LÖSUNG
S. 95

So sagst du ...

1. ... dass etwas zu riskant ist.   _____

2. ... dass etwas total cool ist.   _____

3. ... dass du gerne an einem Austausch teilnehmen würdest.

    _____

    _____

4. ... dass etwas reicht.

    _____

5. ... dass euch nur ein Euro fehlt, um eine Cola zu kaufen.

    _____

    _____

3   Trouve l'intrus et traduis ce mot.

LÖSUNG S. 95

1. le pays – l'apprentissage – le CFA – le lycée pro   das Land _____

2. le logo – le slogan – le sponsor – la poubelle   _____

3. l'examen – le niveau – le repas – le brevet   _____

4. la technologie – la réunion – la physique – l'histoire-géo   _____

5. le magazine – la rédaction – l'actualité – la menuiserie   _____

6. plus de – malade – moins de – seulement   _____

7. la radio – le pain – le magazine – la télévision   _____

8. terminer – finir – croire – arrêter   _____

Unité 4 | Approches ▸livre, p. 70

professionnel/professionnelle [pʀɔfesjɔnɛl] *adj.*	beruflich, Berufs-	J'ai déjà de l'expérience ~[1].
le job d'été [lədʒɔbdete]	der Ferienjob	J'ai un ~ dans une boulangerie.
la ferme [lafɛʀm]	der Bauernhof	La ~ de mon oncle est en Camargue.
bio [bjo] *fam.*	Bio-	Baptiste a acheté des fruits ~.
l'Auvergne [lovɛʀɲ] *f.*	*Region in Zentralfrankreich* ▸ Carte, p. 145	La colonie de vacances est en ~.
la récolte [laʀekɔlt]	die Ernte	On va faire la ~ des pommes.
au mois de (juillet) [omwadəʒɥijɛ]	im Monat (Juli)	Je vais chez mes cousins ~ juin.
(5 euros) de l'heure [sẽkøʀodələœʀ]	(5 Euro) pro Stunde	Ils me donnent 6 euros ~.

À la boulangerie, ils me donnent 7 euros **de** l'heure.
In der Bäckerei bekomme ich 7 Euro pro Stunde.
aber:
Mon père me donne 50 euros **par** mois.
Mein Vater gibt mir 50 Euro im Monat.

contacter qn [kɔ̃takte]	jdn kontaktieren	Tu crois qu'ils vont me ~?
le/la baby-sitter [lə/labebisitœʀ]	der Babysitter / die Babysitterin	Je suis la ~ des enfants des voisins.
s'occuper de qn/qc [sɔkypedə]	sich um jdn/etw. kümmern *reflexives Verb, p.148*	Audrey ~[2] mon chien ce week-end.
l'Ardèche [laʀdɛʃ] *f.*	*Département im Süden Frankreichs* ▶ Carte, p. 145	Nous passons les vacances en ~.
l'argent de poche [laʀʒɑ̃dəpɔʃ] *m.*	das Taschengeld	J'ai 15 euros d'~ par mois.
le garçon / la fille au pair [ləgaʀsɔ̃/lafijopeʀ]	der Au-pair-Junge / das Au-pair-Mädchen *arbeitet gegen Verpflegung, Unterkunft und Taschengeld bei einer Gastfamilie*	Nos voisins ont une ~[3] française.
la candidature [lakɑ̃didatyʀ]	die Bewerbung	Il y avait beaucoup de ~[4] pour ce travail.
poser sa candidature [pozesakɑ̃didatyʀ]	sich bewerben	Arnaud a ~[5] dans l'entreprise de son oncle.
le stage [ləstaʒ]	der Kurs, *hier:* das Praktikum	Je fais un ~ dans un magasin.
le zoo [ləzo]	der Zoo	Il y a des nouveaux animaux au ~.
Amnéville [amnevil]	*Stadt im Osten Frankreichs*	Astrid habite à ~.

Aix-en-Provence [ɛksɑ̃pʀɔvɑ̃s]	*Stadt im Süden Frankreichs*	~ est une jolie ville.
la location [lalɔkasjɔ̃]	der Verleih	Est-ce qu'il y a une ~ de bateaux?
❗ **le tour** [lətuʀ]	die Tour, der Ausflug	Adèle fait le ~ de l'Europe à vélo.
la Provence [lapʀɔvɑ̃s]	*Landschaft im Süden Frankreichs*	La ~, c'est mon endroit préféré.
la mécanique [lamekanik]	die Mechanik	La ~ m'intéresse.
je voudrais devenir [ʒəvudʀɛdəvəniʀ]	ich möchte werden	Plus tard, ~ professeur de sport.
le mécanicien / la mécanicienne [ləmekanisjɛ̃/lamekanisjɛn] → la mécanique	der Mechaniker / die Mechanikerin	Tu connais un bon ~6 à Paris?
dehors [dəɔʀ]	draußen	Le chien doit attendre ~.
donc [dɔ̃k]	also, folglich	Je déteste le métal, ~ je ne vais pas au concert d'Eyeless.
l'avantage [lavɑ̃taʒ] *m.* 🇬🇧 advantage	der Vorteil	L'~ de mon collège, c'est qu'il est petit.

1 professionnelle **2** s'occupe de **3** fille au pair **4** candidatures **5** posé sa candidature **6** mécanicien

s'ennuyer [sɑ̃nɥije]
⚠ *nur* je m'ennuie
— sich langweilen *reflexives Verb, p. 148*
— Hier, Samuel ~[1] en arts plastiques.

le garage [ləgaʀaʒ]
— die (Auto-)Werkstatt, *auch:* die Garage
— La voiture est au ~.

près de chez moi [pʀɛdəʃemwa]
— bei mir in der Nähe
— C'est pratique, le collège est ~.

le début [lədeby]
— der Anfang
— Le ~ du film est super.

une fois [ynfwa]
— einmal
— ~, j'ai vu mon acteur préféré!

la salle [lasal]
— der Raum, der Saal
— La fête est dans la ~ à côté de la cantine.

servir en salle [sɛʀviʀɑ̃sal]
— im Speisesaal servieren
— Je préfère ~.

c'est pourquoi [sɛpuʀkwa]
— deshalb
— Elle fait du volley depuis 5 ans. ~ elle joue bien.

la lettre [lalɛtʀ]
🇬🇧 letter
— der Brief
— Ta ~ est arrivée hier. Merci!

la lettre de motivation [laletʀdəmɔtivasjõ]	das Bewerbungsschreiben	Je veux travailler, alors j'ai écrit beaucoup de ~².
malheureusement [maløʀøzmã] *adv.*	leider	~, on ne peut pas manger avec vous.
c'est dommage [sɛdɔmaʒ]	das ist schade	Vous n'avez pas le temps? ~!
le rapport de stage [ləʀapɔʀdəstaʒ]	der Praktikumsbericht	Nico a écrit son ~.

1 s'est ennuyé   2 lettres de motivation

Unité 4 | B ▶ livre, p. 74

je viens de faire qc [ʒəvjɛ̃də]	ich habe gerade etw. getan	Je ~ téléphoner à Cécile.
l'annonce [lanõs] *f.*	die Anzeige, das Inserat	J'ai lu l'~ dans le magazine.
être en train de faire qc [ɛtʀɑ̃tʀɛ̃də]	gerade dabei sein, etw. zu tun	Pas maintenant, je ~¹ écrire à mon copain!
le goûter [ləgute]	*kleine Mahlzeit gegen 16 Uhr oder nach der Schule*	Maman, qu'est-ce que tu as acheté pour le ~?
le printemps [ləpʀɛ̃tã]	der Frühling	Ce ~, nous allons en France.

l'éducateur *m.* / **l'éducatrice** *f.* [ledykatœʀ/ledykatʀis]	der Erzieher / die Erzieherin	Dimitri est ~[2] dans une école maternelle.
de plus [dəplys]	außerdem *in schriftlichen Texten*	J'aime les enfants. ~, j'ai déjà fait un stage dans une école.
garder qn/qc [gaʀde]	etw. behalten, *hier:* auf jdn/etw. aufpassen	Tu peux ~ mon chat en juillet?
le brevet de sauveteur [ləbʀəvɛdəsovtœʀ]	die Rettungsschwimmerprüfung	Pour travailler à la piscine, il faut le ~.
dernier/dernière [dɛʀnje/dɛʀnjɛʀ] *adj.* ≠ premier/première	letzter/letzte/letztes	Esther a visité Paris l'année ~[3].
j'espère pouvoir faire qc [ʒɛspɛʀpuvwaʀ]	ich hoffe, etw. tun zu können	~ aller à la fête d'Henri demain.
respectueuses salutations [ʀɛspɛktɥøzsalytasjɔ̃] *f. pl.*	*etwa:* mit freundlichen Grüßen *förmliches Ende eines offiziellen Briefes*	~, Julien Bernard

1 suis en train d'   **2** éducateur   **3** dernière

personnel/personnelle
[pɛʀsɔnɛl] *adj.* ou **perso** [pɛʀso] *fam.*
→ la personne

persönlich

Je raconte mes expériences ~¹.

la catastrophe [lakatastʀɔf]
ou **la cata** [lakata] *fam.*

die Katastrophe

C'est la ~! Je ne trouve pas mes clés!

l'article [laʀtikl] *m.*

der Artikel

L'~ de ce magazine est intéressant.

le petit-déjeuner [ləpətideʒœne]

das Frühstück

Je prends mon ~ à 7 heures.

7 h: le petit-déjeuner   12 h 30: le déjeuner   16 h: le goûter   20 h: le dîner

le transat [lətʀɑ̃zat]

der Liegestuhl

L'été, je suis toujours sur mon ~.

comme d'habitude [kɔmdabityd]

wie gewöhnlich

J'ai mis mon livre dans mon sac, ~.

le hamac [lə'amak]	die Hängematte	J'adore me coucher dans mon ~.
le client / la cliente [ləklijɑ̃/laklijɑ̃t]	der Kunde / die Kundin	Il y a beaucoup de ~² dans le magasin.
la capsule [lakapsyl]	der Kronkorken, der Deckel	Je veux fermer mon coca: où est la ~?
le ballon [ləbalɔ̃]	der Luftballon, *auch:* der Ball	Francis a apporté son ~ de basket.
gonfler qc [gɔ̃fle]	etw. aufblasen	Papa, tu peux ~ mon ballon, s'il te plaît?
lâcher qc [laʃe]	etw. loslassen	Tu ne ~³ pas la bouteille, d'accord?
foncer sur qn/qc [fɔ̃sesyʀ] ◼ nous fonçons ◼ j'ai foncé	auf jdn/etw. zurasen	La voiture ~⁴ sur les gens.
pousser qn/qc [puse]	jdn/etw. stoßen	Il a ~⁵ les gens pour monter dans le bus.
crier [kʀije]	schreien	Pourquoi est-ce que tu ~⁶ comme ça?
glisser [glise] ◼ j'ai glissé	rutschen, ausrutschen	Elle a ~⁷ dans la salle de bains et elle est tombée.

furieux/furieuse (contre qn) [fyʀjø/fyʀjøz] *adj.* 🇬🇧 furious	wütend (auf jdn)	Mon père est ~[8] parce que j'ai regardé la télé jusqu'à minuit.
au milieu de qc [omiljødə]	in der Mitte von etw.	Le toboggan est ~[9] parc.

1 personnelles 2 clients 3 lâches 4 fonce 5 poussé 6 cries 7 glissé 8 furieux 9 au milieu du

Unité 4 | **D** ▶ livre, p. 57, Transcriptions, p. 213

à l'appareil [alapaʀɛj]	am Apparat	Bonjour, c'est Marion Roi ~.
pour le moment [puʀləmɔmɑ̃]	im Augenblick	Je n'ai pas de portable ~.
C'est à quel sujet? [sɛtakɛlsyʒɛ]	Worum geht es?	– Je voudrais parler à Madame Ali. – Oui, bien sûr. ~?
c'est pour ... [sɛpuʀ]	es ist wegen ...	Je peux parler à Jessica? ~ la fête de ce soir.
le CV *(le curriculum vitae)* [ləseve]	der Lebenslauf	J'ai donné mon ~ au chef.
plusieurs [plyzjœʀ] *m./f. pl.*	mehrere	Nous restons pendant ~ jours.

la langue [lalɑ̃g] 🇬🇧 language	die Sprache, *auch:* die Zunge	Je parle plusieurs ~[1].
pas mal de [pɑmaldə] *fam.*	nicht wenige, einige	Lucien a gagné ~ matchs.
louer qc [lwe] → la location	etw. mieten	On va ~ un bateau cet après-midi.
savoir qc [savwaʀ]	etw. wissen, etw. können *Konjugation, p. 149*	Madame Lac ~[3] parler anglais.

Je **sais** jouer au volley
mais aujourd'hui je ne **peux** pas.

réparer qc [ʀepaʀe]	etw. reparieren	Papy, tu peux ~ la radio?
le pneu [ləpnø]	der Reifen	Il faut changer le ~ du vélo.
crevé/crevée [kʀəve] *adj.*	geplatzt	Je répare un pneu ~[2].
laisser qc [lese]	etw. lassen, *hier:* (eine Nachricht) hinterlassen	Je peux ~ un message?

rappeler qn [ʀapəle]　　　　　jdn zurückrufen　　　　　　Élina va ~ à midi.
⚠ je rappelle

1 langues　2 crevé　3 sait

Unité 4 | Lecture ▸ livre, p. 81

Der Wortschatz der *Lecture* ist fakultativ. Er wird im Folgenden nicht als bekannt vorausgesetzt.

être né/née [ɛtʀne]	geboren sein	Citroën est ~[1] en 1878.
fasciner qn [fasine]	jdn faszinieren	André Citroën a ~[2] beaucoup de gens.
l'ingénieur *m.* / **l'ingénieure** *f.* [lɛ̃ʒenjœʀ]	der Ingenieur / die Ingenieurin	Ma mère est ~[3] dans une entreprise.
créer qc [kʀee] ⚙ (to) create	*hier:* etw. gründen	On va ~ une ONG pour aider les gens au Tchad.
la guerre [lagɛʀ]	der Krieg	Heureusement, il n'y a plus de ~.
le soldat / la soldate [ləsɔlda/lasɔlda t]	der Soldat / die Soldatin	Mon frère veut devenir ~[4].

mourir [muʀiʀ] █ il/elle meurt █ il/elle est mort(e)	sterben	Mon grand-père est ~⁵ pendant la guerre.
choqué/choquée [ʃɔke] *adj.*	schockiert	Tu as vu ce film? Moi, j'étais ~.
fabriquer qc [fabʀike]	etw. produzieren	L'entreprise ~⁶ des voitures.

1 né **2** fasciné **3** ingénieure **4** soldat **5** mort **6** fabrique

1 Complète les phrases.

1. Es gibt **einen Biobauernhof bei mir in der Nähe**.

Il y a _____
_____.

2. Ich suche einen Ferienjob, also habe ich **ein Bewerbungsschreiben** geschrieben.

Je cherche un job d'été, donc j'ai écrit _____
_____.

3. Wir haben **im Monat** August keinen Unterricht.

On n'a pas de cours _____ août.

4. Letztes Jahr haben sie mir 7 Euro **pro Stunde** gegeben.

Ils m'ont donné 7 euros _____
l'année dernière.

5. Um **sich** zu **bewerben** braucht man einen Lebenslauf.

Pour _____,
il faut un CV.

2 Retrouve les verbes et traduis-les.

1. g a r d e r   behalten, aufpassen

2. l __ c e __   _____

3. p __ __ s __ e r   _____

4. __ r i __ r   _____

5. g l __ __ __ e r   _____

6. __ o __ e r   _____

7. s a __ o __ r   _____

8. l a __ __ s __ r   _____

3 Quel mot est-ce qu'on cherche? Écris le mot avec l'article défini.

LÖSUNG
S. 95

1. On le mange le matin.   le petit-déjeuner

2. Mes parents me le donnent chaque semaine.   _____

3. Il le faut pour jouer au foot ou au basket, par exemple. _____

4. Il le faut pour travailler à la piscine.   _____

5. On l'écrit après un stage.   _____

6. C'est pour fermer une bouteille.   _____

7. On la parle, par exemple le français, l'allemand ... _____

8. Quand il est crevé, il faut le réparer.   _____

4 Qu'est-ce qui va ensemble? Relie les phrases.

LÖSUNG
S. 95

Malheureusement, je n'ai pas le temps. **1**	**a**	C'est la cata!
Sophie a raconté un secret d'Océane. **2**	**b**	C'est dommage!
Je cherche Jérémy – il est où? **3**	**c**	C'est à quel sujet?
Je peux parler à Mme Legrand, s'il vous plaît? **4**	**d**	C'est pourquoi Océane est furieuse.
Zut! Je n'ai pas travaillé pour l'examen qu'on **5** va écrire aujourd'hui!	**e**	Il joue dehors comme d'habitude.

Unité 5 | Approches ▶ livre, p. 88

la Loire [lalwaʀ]	*Fluss in Frankreich* ▶ Civilisation, p. 144	On habite près de la ~.
à vélo [avelo]	mit dem Fahrrad	Maud va au collège ~.
en route [ɑ̃ʀut]	*hier:* auf dem Weg	On va à la fête! On peut acheter les boissons ~.
vers [vɛʀ]	in Richtung, nach *(Ort)*	Nous allons ~ Paris.
l'ouest [lwɛst] *m.*	der Westen	Paris est à l'~ de Strasbourg.
le sud [ləsyd]	der Süden	Orléans se trouve au ~ de Paris.
le nord [lənɔʀ]	der Norden	L'Auvergne se trouve au ~ de Montpellier.
l'est [lɛst] *m.*	der Osten	Le Louvre est à l'~ de la tour Eiffel.
au bord de qc [obɔʀdə]	am Ufer von etw.	Ils font une promenade ~ la Loire.
sportif/sportive [spɔʀtif/spɔʀtiv] *adj.* → le sport	sportlich	Létitia fait du foot: elle est très ~[1].
le château / ❗ **les châteaux** [ləʃɑto/leʃɑto]	das Schloss ▶ Civilisation, p. 144	Les ~[2] de la Loire sont très célèbres.

Dry [dʀi]   *kleine Stadt an der Loire bei Orléans*   Mes cousins habitent à ~.

se trouver [sətʀuve]   sich befinden, liegen *reflexives Verb, p.148* La boulangerie ~³ à côté du café.

se trouver

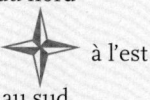

au nord
à l'ouest   à l'est
au sud

le village [ləvilaʒ]   das Dorf   Ils habitent dans un ~ près de Nantes.

Orléans [ɔʀleɑ̃]   *Stadt an der Loire*   Les musées à ~ sont intéressants.

actif/active [aktif/aktiv] *adj.*   aktiv   C'est un week-end ~⁴: on fait du VTT.

monter qc [mɔ̃te]   *hier:* etw. aufbauen   Je ne sais pas ~ une tente.

J'**ai** monté la tente.
Ich **habe** das Zelt aufgebaut.

Maëva **est** montée dans le bus.
Maëva **ist** in den Bus eingestiegen.

Je t'embrasse. [ʒətɑ̃bʀas]	Liebe Grüße *am Briefende*	~, Maman.
la frangine [lafʀɑ̃ʒin] *fam.* = la sœur	die Schwester	Ophélie, c'est ma ~.
le fleuve [ləflœv]	der Fluss	La Seine est le ~ qui traverse Paris.
Nevers [nəvɛʀ]	*Stadt an der Loire*	~ est à 300 kilomètres de Paris.
Saint-Nazaire [sɛ̃nazɛʀ]	*Hafenstadt an der Loiremündung*	On a fait du vélo jusqu'à ~.
la côte atlantique [lakotatlɑ̃tik]	die Atlantikküste	On passe nos vacances sur la ~.
le département [lədepaʀtəmɑ̃]	das Département *Es gibt 101 départements in Frankreich und in Übersee.* ▶ Carte, p. 145	J'habite dans le ~ de l'Ardèche.

1 sportive   2 châteaux   3 se trouve   4 actif

Unité 5 | **A** ▶ livre, p. 90

voler qc [vɔle]	etw. stehlen	Quelqu'un a ~[1] le vélo d'Agnès.
le sac à dos [ləsakado]	der Rucksack	Tu as fait ton ~ pour le voyage?
Blois [blwa]	*Stadt an der Loire*	Le château de ~ est très joli.

Saint-Laurent-Nouan [sɛloʀɑ̃nuɑ̃]	*kleine Stadt an der Loire bei Orléans*	~ est une petite ville.
la centrale nucléaire [lasɑ̃tʀalnykleeʀ]	das Atomkraftwerk	Le club Écologie s'engage contre les ~[2].
vers [vɛʀ]	*hier:* gegen *bei Zeitangaben*	J'arrive chez toi ~ 18 heures.
Amboise [ɑ̃bwaz]	*Stadt an der Loire*	Nous avons visité le château d'~.
le feu d'artifice / ⚠ les feux d'artifice [ləfødaʀtifis/lefødaʀtifis]	das Feuerwerk	Le ~ du 14 juillet était formidable!
beaucoup de monde [bokudəmɔ̃d]	viele Leute	Il y a ~ à la fête.
l'ambiance [lɑ̃bjɑ̃s] *f.*	die Stimmung	L'~ de la fête est un peu nulle.
le type [lətip]	der Typ	Tu connais le ~ avec le pull bleu?
bizarre [bizaʀ] *m./f. adj.*	merkwürdig	C'est ~, je ne trouve plus mon sac.
costaud [kɔsto] *m./f. adj.*	kräftig	Mon frère est sportif et ~.
la carte d'identité [lakaʀtdidɑ̃tite]	der Personalausweis	Il faut ta ~ pour aller en France.
le porte-monnaie [ləpɔʀtmɔnɛ]	das Portemonnaie	J'ai 50 euros dans mon ~.
l'opinel [lɔpinɛl] *m.*	das Opinel-Klappmesser	J'adore mon nouvel ~.

le commissariat [ləkɔmisaʀja]	das Polizeirevier	Où se trouve le ~?

Wenn du nach Frankreich fährst, musst du dir diese Notrufnummern merken: la police **17**
les pompiers (= die Feuerwehr) **18**   le SAMU (*le Service d'Aide Médicale Urgente* = der medizinische Notdienst) **15**

faire une déclaration [fɛʀ yn deklaʀasjɔ̃]	eine Anzeige erstatten	J'ai dû ~ parce qu'on a volé mon sac.
décrire qn/qc [dekʀiʀ]	jdn/etw. beschreiben *wie* écrire, *p. 148*	Zélie ~³ son copain dans son e-mail.
le voleur / la voleuse [ləvɔlœʀ/lavɔløz] → voler	der Dieb / die Diebin	Attention! Il y a souvent des ~⁴ dans le métro.

1 volé   2 centrales nucléaires   3 décrit   4 voleurs

Unité 5 | **B** ▶ livre, p. 92

Angers [ɑ̃ʒe]	*Stadt an der Loire*	Tu es déjà allé à ~?
la pluie [laplɥi]	der Regen	On a fait une promenade sous la ~.

il pleut / il a plu / il pleuvait
[ilplø/ilaply/ilpløvɛ]

es regnet / es hat geregnet / es regnete

~¹ souvent ici en hiver.

Quel temps fait-il?　　　　Wie ist das Wetter?

  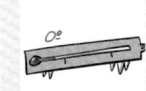     

| Il fait beau. | Il fait chaud. | Il fait froid. | Il fait 20 degrés. | Il neige. | Il pleut. | Il y a du soleil. | Il y a du vent. |

J'en ai marre. [ʒɑ̃nemaʀ] *fam.*

Mir reicht's. / Ich habe echt genug.

On a toujours plein de devoirs. ~!

sec/sèche [sɛk/sɛʃ] *adj.*

trocken

Le jardin est très ~² en août.

le sac de couchage [ləsakdəkuʃaʒ]

der Schlafsack

Tu as ton ~ pour le camping?

trempé/trempée [tʀɑ̃pe] *adj.*

durchnässt

Sam est ~³ parce qu'il pleut.

complet/complète
[kɔ̃plɛ/kɔ̃plɛt] *adj.*

hier: ausgebucht, voll

Zut! L'hôtel est ~⁴ pour ce soir.

boire qc [bwaʀ]
→ la boisson

etw. trinken *Konjugation, p. 148*

Mon frère ~⁵ du jus d'orange.

le chocolat (chaud) [ləʃɔkɔlaʃo]   die (heiße) Schokolade   J'adore boire du ~.

l'auberge de jeunesse   die Jugendherberge   On fait du camping ou on va à l'~?
[lobɛʀʒdəʒœnɛs] *f.*

1 Il pleut   2 sec   3 trempé   4 complet   5 boit

Unité 5 | C ▶livre, p. 94

réussir qc [ʀeysiʀ]	etw. schaffen *Verb auf* -ir, *wie* finir, *p. 147*	Hier, j'ai ~¹ mon examen.
le pique-nique [ləpiknik]	das Picknick	Noé a fait une salade pour le ~.
incroyable [ɛ̃kʀwajabl] *m./f. adj.* → croire	unglaublich	Tu as gagné la course? ~!
emprunter qc [ɑ̃pʀɛ̃te]	etw. ausleihen	J'~² des livres à la médiathèque.
le couteau / ⚠ les couteaux [ləkuto/lekuto]	das Messer	Amir a mis les ~³ sur la table.
la main [lamɛ̃]	die Hand	Prend ma ~ pour traverser la rue.
Il/Elle est à (moi). [il/ɛlɛtamwa]	Er/Sie/Es gehört (mir).	Le sac à dos, ~⁴.

le marché (aux puces)
[ləmaʁʃeopys]

der (Floh-)Markt

J'ai acheté cette jolie table au ~.

Nantes [nɑ̃t]

Stadt an der Loiremündung

~ se trouve près de la côte atlantique.

payer qc [peje]
❗ je paie / je paye
🇬🇧 (to) pay

etw. bezahlen, etw. zahlen

Lucie ~[5] 35 euros par mois pour son cours de danse.

Un homme demande à un chauffeur de taxi:
– Combien ça coûte pour aller à l'aéroport?
– 45 euros.
– Et il faut payer pour le sac à dos?
– Non, c'est gratuit.
– Très bien, je vais aller en bus. Apportez le sac à dos à l'aéroport à 14 heures.

---

inventer qc [ẽvɑ̃te]
🇬🇧 (to) invent

etw. erfinden

Les frères Lumière ont ~[6] le cinéma.

vrai/vraie [vʁɛ] *adj.*

wahr, richtig, echt

C'est ~[7]: je n'ai pas fait mes devoirs.

redonner qc à qn [ʀədɔne]   jdm etw. zurückgeben   Hier, Enora a ~[8] la bédé à Max.

Um „wieder-" oder „zurück-" auszudrücken, haben einige Verben die Vorsilbe *re-/r-*:
- – Qu'est-ce que tu as trouvé?   – Est-ce qu'Olivier a appelé?
- – J'ai **re**trouvé ma clé.   – Oui, je le **r**appelle plus tard.
- Ich habe meinen Schlüssel wiedergefunden.   Ich rufe ihn später zurück.

---

tout de suite [tudsɥit]   sofort   Tu rentres ~?

1 réussi 2 emprunte 3 couteaux 4 Il est à moi 5 paie/paye 6 inventé 7 vrai 8 redonné

Unité 5 | D ▸livre, p. 96

l'objet [lɔbʒɛ] *m.*   das Objekt, *hier:* der Betreff *E-Mail*   Pour l'~ de l'e-mail, tu peux écrire «Écologie».

l'invitation [lɛ̃vitasjɔ̃] *f.*   die Einladung   Clara prépare les ~[1] pour sa fête.
🏴 invitation
→ inviter

longuement [lɔ̃gmɑ̃] *adv.*   lange   Hier, Irène m'a ~ parlé au téléphone.

venir [vəniʀ]   kommen *Konjugation, p. 149*   Je ne peux pas ~ à ta fête.

il y a [ilja]	vor *zeitlich*	Mon frère est arrivé ~ dix jours.
complètement [kɔ̃plɛtmɑ̃] *adv.* → complet/complète	ganz, komplett	Il a plu et je suis ~ trempé!
crevé/crevée [kʀəve] *adj. fam.*	*hier:* erschöpft	Après ce match, Zoé est ~[2].
heureusement [øʀøzmɑ̃] *adv.* → heureux/heureuse ≠ malheureusement	glücklicherweise	~, les devoirs sont faciles.
normalement [nɔʀmalmɑ̃] *adv.* → normal/normale	normalerweise	~, l'entraînement est le samedi.
probablement [pʀɔbabləmɑ̃] *adv.*	wahrscheinlich	Je ne vais ~ pas partir en vacances.
quelques [kɛlkə] *m./f. pl. + nom*	einige, ein paar *+ Nomen*	J'ai invité ~ amis à la fête.
on pourrait [ɔ̃puʀɛ]	wir könnten, man könnte	~ préparer une salade de fruits.

1 invitations **2** crevée

Unité 5 | Lecture ▸livre, p. 99

Der Wortschatz der *Lecture* ist fakultativ. Er wird im Folgenden nicht als bekannt vorausgesetzt.

l'écrivain [lekʀivɛ̃] *m./f.* → écrire qc	der Schriftsteller / die Schriftstellerin	Victor Hugo était un ~ célèbre.
le port [ləpɔʀ]	der Hafen	Le bateau retourne au ~.
la science [lasjɑ̃s]	die Wissenschaft	Le musée de la ~ est très intéressant.
l'invention [lɛ̃vɑ̃sjɔ̃] *f.*	die Erfindung	Internet est une ~ qui a changé nos vies.
le train [lətʀɛ̃]	der Zug	Je préfère prendre le ~.
la lune [lalyn]	der Mond	La ~ est belle ce soir!
le monde entier [ləmɔ̃dɑ̃tje]	die ganze Welt	Ce groupe fait des concerts dans le ~.
la fusée [lafyze]	die Rakete	La ~ va sur la lune.
l'hommage [lɔmaʒ] *m.*	die Ehrung	Ce monument est un ~ à Saint-Exupéry.
dont [dɔ̃]	darunter *Relativpronomen*	Il y avait beaucoup de plats, ~ un couscous et un tajine.
le dos [lədo]	der Rücken	Le joueur de foot est tombé sur le ~.

1 Complète les phrases.

LÖSUNG S. 96

1. **Das Schloss** von Amboise befindet sich **am Ufer der** Loire.

   _____ d'Amboise se trouve

   _____ la Loire.

2. In Paris können wir nicht campen, also gehen wir in die **Jugendherberge**.

   À Paris, on ne peut pas faire du camping, donc on va à

   _____ .

3. Ich musste **Anzeige erstatten**, weil man meinen Geldbeutel gestohlen hat.

   J'ai dû _____

   parce qu'on a volé mon porte-monnaie.

4. Morgen werden wir einen Ausflug **mit dem Fahrrad** machen.

   Demain, on va faire un tour _____ .

2 Il a plu et la liste est trempée – complète les mots et traduis-les.

LÖSUNG S. 96

Pour les vacances au camping:

l _ s _ _ à _ o _   _____

l _ c a _ _ _ _ 'i d _ _ t _ t _   _____

l _ p _ r _ e - m _ _ _ a _ e   _____

_ 'o _ i _ _ l   _____

l _ _ _ c d _ c _ _ c _ g _   _____

3 Qu'est-ce qui va ensemble? Retrouve les verbes et traduis-les.

1.	ve	ter	1. venir – kommen
2.	pa	crire	_____
3.	mon	yer	_____
4.	bo	venter	_____
5.	in	sir	_____
6.	réus	nir	_____
7.	dé	ire	_____

4 Ça se trouve où? Regarde la carte et complète les phrases.

1. _____ de la France avec la côte atlantique est un endroit idéal pour passer ses vacances.

2. La Loire-Atlantique est un département _____ de Rennes.

3. Strasbourg est _____ de Paris.

4. Moi, je préfère _____ de la France avec par exemple la ville de Lille.

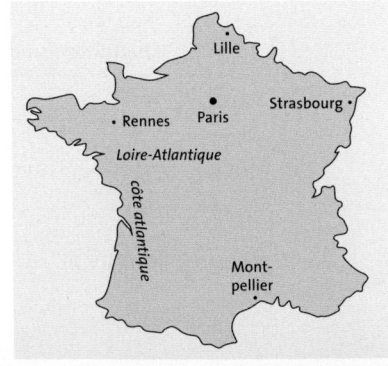

la francophonie [lafʀɑ̃kɔfɔni]   die Frankophonie *bezeichnet die Gemeinschaft der Länder, in denen Französisch gesprochen wird*   Dans les pays de la ~, on parle français.

tous/toutes [tus/tut]   alle   Les garçons viennent ~[1] à la fête.

la Belgique [labɛlʒik]   Belgien ▶ Civilisation, p. 144   La ~ se trouve à l'est de la France.

le néerlandais [lǝneɛʀlɑ̃dɛ]   Niederländisch   Mon cousin apprend le ~.

le dialecte [lǝdjalɛkt]   der Dialekt   Dans ma région, on parle un ~.

le Québec [lǝkebɛk]   Québec *französischsprachige Provinz in Kanada* ▶ Civilisation, p. 144   Au ~, on parle français et anglais.

le Canada [lǝkanada]   Kanada   Le Québec est une région du ~.

le lac [lǝlak]   der See   On peut faire du bateau sur ce ~.

la forêt [lafɔʀɛ]   der Wald   Demain, nous allons dans la ~.
🇬🇧 forest

le gratte-ciel / ⚠ les gratte-ciel [ləɡʀatsjɛl] *inv.*	der Wolkenkratzer	Les ~ de Montréal sont super!
neiger [neʒe]	schneien	Regarde dehors, il ~²!
le degré [lədəɡʀe]	das Grad *Temperaturangabe*	À Montréal, il fait -20 ~³ en hiver.
souterrain/souterraine [suteʀɛ̃/suteʀɛn] *adj.* → la terre	unterirdisch	Au Québec, il y a des supermarchés ~⁴.
la sauce [lasos]	die Sauce	Ariane préfère la viande sans ~.
le Sénégal [ləsenegal]	Senegal ► Civilisation, p. 144	Nous partons en vacances au ~.
l'Afrique [lafʀik] *f.*	Afrika	Le Sénégal se trouve en ~.
la saison [lasɛzɔ̃]	die Jahreszeit	C'est la ~ des pluies.
la Tunisie [latynizi]	Tunesien ► Civilisation, p. 145	On a fêté l'Aïd-el-Fitr en ~.
l'arabe [laʀab] *m.*	Arabisch	J'apprends l'~ depuis septembre.
Il y a du soleil. [iljadysɔlɛj]	Die Sonne scheint.	J'adore quand ~.
la mosquée [lamɔske]	die Moschee	Hier, Hamid est allé à la ~.

connaître qc comme sa poche   etw. wie seine Westentasche kennen   Je ~ la ville ~[5].
[kɔnɛtʀkɛlkəʃozkɔmsapɔʃ]

La francophonie

la Belgique
le wallon [ləwalɔ̃] Wallonisch *Dialekt in Belgien*
Liège [ljɛʒ] Lüttich *Stadt in Belgien*

le Sénégal
Dakar [dakaʀ] *Hauptstadt vom Senegal*
le wolof [ləwɔlɔf] Wolof *Sprache im Senegal, in Gambia und Mauretanien*
la Casamance [lakazamɑ̃s] *Region im Süden vom Senegal*

le Québec
Montréal [mɔ̃ʀeal] *größte Stadt Québecs*
magasiner [magazine] einkaufen gehen, shoppen *frankokanadisches Wort*
la poutine [laputin] Pommes mit Sauce und Käse *kanadisches Gericht*

la Tunisie
Kairouan [keʀuɑ̃] *Stadt in Tunesien*
la médina [lamedina] die Medina *alter Teil der Stadt*
la brik aux œufs [labʀikozø] gefüllte Teigtasche *nordafrikanisches Gericht*
Casting [kastiŋ] *tunesische Fernsehserie*

---

1 tous   2 neige   3 degrés   4 souterrains   5 je connais ... comme ma poche

Unité 6 | **A** ▶livre, p.108

le lecteur / la lectrice [ləlɛktœʀ/lalɛktʀis] → lire	der Leser / die Leserin	Les ~[1] ont écrit au magazine.
la moule [lamul]	die Miesmuschel	Les ~[2], c'est mon plat préféré.
le centre-ville [ləsɑ̃tʀvil]	die Innenstadt, das Stadtzentrum	Est-ce que le collège est dans le ~?
la cathédrale [lakatedʀal]	die Kathedrale, der Dom	Les élèves ont visité la ~ de Nantes.
la mairie [lamɛʀi]	das Rathaus	Liam va changer sa carte d'identité à la ~.
il s'agit de qc [ilsaʒidə]	es handelt sich um etw.	~[3] une chanson de Stromae.
la fontaine [lafɔ̃tɛn] 🇬🇧 fountain	der Brunnen	Il y a une belle ~ dans le parc.
le symbole [ləsɛ̃bɔl]	das Symbol	La mosquée est le ~ de ma ville.
presque [pʀɛsk]	fast	J'ai ~ fini mes devoirs.
la poire [lapwaʀ]	die Birne	J'ai acheté des pommes et des ~[4].

délicieux/délicieuse [delisjø/delisjøz] *adj.*	köstlich	Ce gâteau est ~[5]!
sucré/sucrée [sykʀe] *adj.* → le sucre	süß *Essen*	Ce gâteau est trop ~[6].
goûter qc [gute] → le goûter	etw. probieren, etw. kosten *Essen*	Je n'ai jamais ~[7] un tajine.
la saucisse [lasosis]	die Wurst, das Würstchen	Je mange toujours une ~ au marché.
l'auteur [lotœʀ] *m./f.*	der Schriftsteller/die Schriftstellerin	Maëlle est ~ de livres pour enfants.
ressembler à qn/qc [ʀəsɑ̃ble] ⚠ j'**ai** ressemblé	jdm/etw. ähnlich sein, jdm/etw. ähneln	Je ~[8] à ma sœur.
le/la Belge [lə/labɛlʒ] → la Belgique	der Belgier / die Belgierin	J'ai rencontré des ~[9] en vacances.
la marionnette [lamaʀjɔnɛt]	die Marionette	Il y a un spectacle de ~[10].
géant/géante [ʒeɑ̃/ʒeɑ̃t] *adj.* 🇬🇧 giant	riesig, gigantisch	On a construit une marionnette ~[11].
envoyer qc à qn [ɑ̃vwaje] ⚠ j'envoie/j'envoye	jdm etw. schicken	Je t'~[12] la lettre aujourd'hui.

la bise [labiz]   der Kuss *auf die Wange*   En France, on fait la ~ pour dire bonjour.

La Belgique
la cathédrale Saint-Paul [lakatedʀalsɛ̃pɔl] *Dom in Liège*
le Perron [ləpeʀɔ̃] *Brunnen auf dem Marktplatz in Liège,*
Symbol der Gerechtigkeit
la Batte [labat] *Markt in Liège*
le sirop de Liège [ləsiʀodəljɛʒ] Birnen-Apfelkraut *Spezialität aus Liège*
la fricassée liégeoise [lafʀikaseljɛʒwaz] Wurst mit Eiern *belgisches Gericht*
Louvain [luvɛ̃] *Stadt in Belgien*
Hergé [ɛʀʒe] *Zeichner und Autor von Tintin* ▶ Civilisation, p. 145
la fête de Sainte-Marie [lafɛtdəsɛ̃tmaʀi] *Fest in Liège am 15. August*
le Tchantchès [lətʃɑ̃tʃɛs] *Marionette aus Liège*
le betch [ləbɛtʃ] der Kuss *auf Wallonisch*

Liège

---

1 lecteurs   2 moules   3 Il s'agit d'   4 poires   5 délicieux   6 sucré   7 goûté   8 ressemble à   9 Belges   10 marionnettes
11 géante   12 envoie/envoye

Rien à déclarer [ʀjɛ̃nadeklaʀe] Nichts zu verzollen *Kinofilm von Dany Boon* Je vais voir ~ au cinéma.

le douanier / la douanière [lədwanje/ladwanjɛʀ] der Zollbeamte / die Zollbeamtin Autrefois, mon père était ~[1].

belge [bɛlʒ] *m./f. adj.* belgisch Ma corres ~ parle français.

apprendre qc à qn [apʀɑ̃dʀ] jdm etw. beibringen *wie* prendre, p.149 J'~[2] le français à ma cousine.

l'abruti *m.* / **l'abrutie** *f.* [labʀyti] *fam.* der Idiot / die Idiotin Le copain de ma sœur est un ~[3].

contrôler qc [kɔ̃tʀole] etw. kontrollieren Au concert, la police ~[4] les sacs.

la frontière [lafʀɔ̃tjɛʀ] die Grenze J'habite près de la ~ allemande.

le/la pire [lə/lapiʀ] *m./f. adj.* der/die/das schlechteste, der/die/das schlimmste C'était horrible, la ~ semaine de ma vie.

imiter qn/qc [imite] jdn/etw. imitieren Tristan ~[5] toujours son frère.

l'accent [laksɑ̃] *m.* der Akzent J'ai un ~ quand je parle français.

faire équipe avec qn [fɛʀɛkipavɛk]	mit jdm ein Team bilden	Jade ~[6] Isaac pour le match.
devenir qc [dəvəniʀ]	etw. werden *wie* venir, *p. 149*	Ils sont vite ~[7] amis.
se marier avec qn [səmaʀjeavɛk]	jdn heiraten *reflexives Verb, p. 148*	Eve va ~ Cédric.
la comédie [lakɔmedi]	die Komödie	Je préfère les ~[8].
le préjugé [ləpʀeʒyʒe]	das Vorurteil	Il a des ~[9] sur les filles.
la tolérance [latɔleʀɑ̃s]	die Toleranz	On s'engage pour la ~ au collège.
l'action [laksjɔ̃] *f.*	*hier:* die Action *im Film*	Il y a beaucoup d'~ dans ce film!
le réalisateur / la réalisatrice [ləʀealizatœʀ/laʀealizatʀis]	der Regisseur / die Regisseurin	Le ~[10] de ce film est très bon.
parfait/parfaite [paʀfɛ/paʀfɛt] *adj.*	perfekt	Nous avons passé des vacances ~[11].
le rôle [ləʀol]	die Rolle	Maya joue un ~ important au théâtre.
la seconde [lasgɔ̃d]	die Sekunde	Il a fait 100 mètres en 10 ~[12]!
le genre [ləʒɑ̃ʀ]	das Genre	Quel ~ de film préfères-tu?

1 douanier 2 apprends 3 abruti 4 contrôle 5 imite 6 fait équipe avec 7 devenus 8 comédies 9 préjugés 10 réalisateur
11 parfaites 12 secondes

Sarcelles [saʁsɛl] — *Hochhaussiedlung nördlich von Paris* — ~ se trouve au nord de Paris.

le jouet [lɔʒwɛ]
→ jouer — das Spielzeug — Mon cousin veut des ~[1] pour Noël.

se balader [səbalade] *fam.*
= faire une promenade — herumlaufen, spazieren gehen
reflexives Verb, p. 148 — On adore ~ à la plage.

la banlieue [labɑ̃ljø] — der Vorort — On habite dans une ~ de Marseille.

draguer qn [dʁage] *fam.* — jdn anmachen — Olivia aime ~ les garçons.

la marque [lamaʁk] — die Marke — Léo porte des vêtements de ~.

s'entendre avec qn [sɑ̃tɑ̃dʁavɛk] — sich mit jdm verstehen *Verb auf*
-dre, *reflexives Verb, p. 148* — Je ~ bien ~[2] mes parents.

en [ɑ̃] — *ungefähr:* davon, von dort
meist unübersetzbar —
– Il est en Afrique?
– Oui, mais il ~ revient demain.

– Est-ce que vous aviez **une radio** à la maison autrefois?
Hattet ihr damals ein Radio zu Hause?
– Oui, tout le monde **en** avait une.
Ja, alle hatten eins.

– Est-ce que tu veux encore **des spaghettis**?
Möchtest du noch Spaghetti?
– Non merci, je n'**en** veux plus.
Nein danke, ich möchte keine mehr.

Il est parti à **Paris** pour les vacances et il n'**en** est jamais revenu.
Er ist nach Paris gefahren, um dort Urlaub zu machen, und er ist nie
zurückgekommen.

apprendre que [apRɑ̃dRkə]	lernen, *hier:* erfahren *wie* prendre, p. 149	Hier, j'ai ~³ notre prof va partir.
mort/morte [mɔR/mɔRt] *adj.*	tot, gestorben	Mon chien est ~⁴ il y a trois ans.
mieux [mjø] *adv.*	besser	Ça va ~, je ne me sens plus malade.
finalement [finalmɑ̃] *adv.* 🇬🇧 finally → finir	schließlich	~, on est restés à la maison.

riche [ʀiʃ] *m./f. adj.* 🇬🇧 rich	reich	Nos voisins sont très ~[5].
pauvre [povʀ] *m./f. adj.* ≠ riche	arm	La famille d'Eliah est assez ~[6].
ensuite [ãsɥit] *adv.*	dann	Tu ajoutes du sucre. ~ tu mélanges.
le paysage [ləpeizaʒ]	die Landschaft	Le ~ en Provence est très beau.
le médicament [ləmedikamã]	das Medikament	Tamsir prend des ~[7].
le/la pauvre [lə/lapovʀ]	der/die Arme	Bakari organise une cantine pour les ~[8].
à la fois [alafwa]	zugleich	Je suis ~ heureux et triste.
fier/fière (de qc) [fjɛʀ] *adj.*	stolz (auf etw.)	Mes parents sont ~[9] de moi.
les morts *m. pl.* / **les mortes** *f. pl.* [lemɔʀ/lemɔʀt]	die Toten	Lissah dit qu'elle parle avec les ~.
les vivants *m. pl.* / **les vivantes** *f. pl.* [levivã/levivãt]	die Lebenden	Les ~[10] parlent souvent des morts.

1 jouets   2 m'entends ... avec   3 appris que   4 mort   5 riches   6 pauvre   7 médicaments   8 pauvres   9 fiers   10 vivants

Unité 6 | D ▸livre, p. 114

la baleine [labalɛn]	der Wal	Incroyable! On a vu des ~[1]!
la baie [labɛ]	die Bucht	Je fais du bateau dans la ~.
magnifique [maɲifik] *m./f. adj.* 🇬🇧 magnificent	wunderschön	J'adore cette chanson, elle est ~!
l'automne [lɔtɔn] *m.*	der Herbst	L'~, c'est ma saison préférée.

le printemps   l'été   l'automne   l'hiver

au-dessus de [odəsydə]	über	Maya habite ~ chez nous.
le sol [ləsɔl]	der Boden	On a dormi sur le ~.
la motoneige [lamotonɛʒ]	das Schneemobil	Cet hiver, on va louer une ~.
le caribou [ləkaʁibu]	das Karibu, das Ren(tier)	Tu as déjà vu un ~, toi?

photographier qn/qc [fɔtɔgʀafje] → la photo	jdn/etw. fotografieren	Nadine aime ~ les animaux.
rater qc [ʀate]	etw. verpassen	Zut! Je viens de ~ mon bus!
profiter de qc [pʀɔfitedə]	etw. genießen, von etw. profitieren	Il faut ~ ² soleil.
l'office de tourisme [lɔfisdətuʀism] *m.*	die Touristeninformation	Je prends un plan de la ville à l'~.
le hockey sur glace [lə'ɔkɛsyʀglas]	das Eishockey	Le ~ est un sport super.
le Canadien / la Canadienne [ləkanadjɛ̃/lakanadjɛn]	der Kanadier / die Kanadierin	Les ~³ sont fans de hockey sur glace.
applaudir (qn) [aplodiʀ]	jdm applaudieren, klatschen *Verb auf* -ir, *wie* finir, *p.147*	Le concert était génial: on a beaucoup ~⁴.
ça vaut la peine de faire qc [savolapɛndə]	es lohnt sich, etw. zu tun	~ visiter le Louvre!
il vaut la peine de faire qc [ilvolapɛndə]	es lohnt sich, etw. zu tun	~ monter sur le mont Royal.
la vue [lavy] → voir qn/qc	die Aussicht	La ~ de la montagne est formidable.

Le Québec

le Saint-Laurent [ləsɛ̃lɔʀã] der Sankt-Lorenz-Strom *Fluss in Kanada*

Cœur de Pirate [kœʀdəpiʀat] *Sängerin aus Québec* ▸ Civilisation, p. 144

Les Cowboys Fringants [lekobɔjfʀɛ̃gã] *Musikgruppe aus Québec*
▸ Civilisation, p. 144

les Francofolies de Montréal [lefʀãkofɔlidəmɔ̃real] *Musikfestival in Montréal*

le Centre Bell [ləsãtʀbɛl] *große Sporthalle in Montréal*

le mont Royal [ləmɔ̃ʀwajal] *Berg in Montréal*

Blick auf Montréal vom *mont Royal*

---

1 baleines **2** profiter du **3** Canadiens **4** applaudi

Unité 6 | Lecture ▸livre, p. 117

Der Wortschatz der *Lecture* ist fakultativ. Er wird im Folgenden nicht als bekannt vorausgesetzt.

l'expression [lɛkspʀɛsjɔ̃] *f.* 🇬🇧 expression	der Ausdruck, die Wendung	Tu connais cette ~ en arabe?
le passé [ləpase]	die Vergangenheit	Notre prof d'histoire nous explique très bien le ~.

le/la poète [lə/lapɔɛt]	der Dichter / die Dichterin	Baudelaire était un grand ~.
l'artiste [laʀtist] *m./f.* 🇬🇧 artist	der Künstler / die Künstlerin	Chakib dessine comme un ~.
l'homme politique / la femme **politique** [lɔmpɔlitik/lafampɔlitik]	der Politiker / die Politikerin	François Hollande est un ~[1].
la langue maternelle [lalɑ̃gmatɛʀnɛl]	die Muttersprache	L'anglais est la ~ de Laura.
bilingue [bilɛ̃g] *m./f. adj.*	zweisprachig	La famille Bassari est ~.

1 homme politique

1 Complète les phrases.

LÖSUNG
S.96

1. Vor **dem Rathaus** steht **ein Brunnen**.

Devant _____ , il y a _____ .

2. Die Tajine ist **köstlich**!

Le tajine est _____ !

3. Er **versteht sich gut mit** seinem Austauschpartner.

Il _____ son corres.

4. **Es lohnt sich**, Französisch zu lernen.

_____ apprendre le français.

5. In Kanada habe ich **einen Wal** fotografiert.

Au Canada, j'ai _____ .

6. Meine Freundin hat mir **Niederländisch** beigebracht.

Ma copine m'a appris _____ .

2 Retrouve les verbes et traduis-les.

LÖSUNG
S.96

1. d v n r e e i   <u>devenir – werden</u> _____

2. g t r o û e   _____

3. c n t r l r o ô e   _____

4. r s s m b l r   e e e   _____
5. d r g r   a u e   _____
6. n v y r   e o e   _____
7. r t r   a e   _____
8. m t r   i i e   _____

3 Complète les mots croisés.

1 petite ville
2 entre deux pays
3 il y a 60 dans une minute
4 on le prend quand on est malade
5 pour se dire «Bonjour» en France
6 maison géante
7 quelqu'un qui lit
8 un peu comme une pomme
9 pleuvoir quand il fait froid
10 la saison après l'été

solution: _____

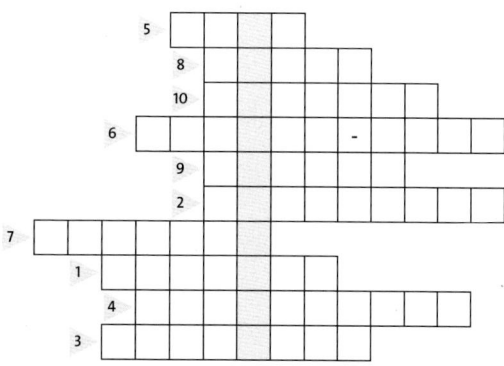

Solutions | Lösungen

Unité 1 | p. 18–19

1 1. la visite, gratuite 2. la capitale 3. célèbre 4. haute

2 1. C'est de l'arnaque! 2. Je suis désolé *m.* / Je suis désolée *f.* 3. Bon appétit! 4. Je me sens bien ici.

3 2. se coucher 3. le matin 4. descendre de 5. moderne 6. Beurk!

4 Julien: suis perdu, en métro, le chemin, le plan
La dame: la station, la ligne, changes, prends, direction, direct, descends

5 1. se sentir 2. se dépêcher 3. se doucher 4. s'amuser 5. se maquiller 6. se coiffer

Unité 2 | p. 32–33

1 1. mon petit copain 2. une paille 3. courageux 4. ai envie de 5. me plaît

2 1c Es ist kalt. 2e Ich habe schon eine(n). 3a füreinander/voreinander 4b Mir bleibt noch etwas. / Ich habe noch etwas. 5d die Gebrauchsanweisung

3 aimer les défauts de l'autre – die Schwächen des anderen mögen, s'entraider – sich gegenseitig helfen, rigoler ensemble – zusammen lachen, se raconter ses problèmes – sich seine Probleme erzählen, ne pas avoir de secrets l'un pour l'autre – keine Geheimnisse voreinander haben, se remonter le moral – sich aufmuntern, partager tout – alles teilen, avoir confiance – Vertrauen haben

4 1. différents 2. la tente 3. la chance 4. pote

Unité 3 | p. 48–49

1 1. Quand, en cachette 2. J'espère qu' 3. fermée 4. Chacun 5. Par contre

2 1. C'est trop risqué. 2. C'est le pied! 3. J'aimerais participer à un échange. 4. Ça suffit! 5. Il nous manque seulement un euro pour acheter un coca.

3 2. la poubelle – der Mülleimer 3. le repas – das Essen, die Mahlzeit 4. la réunion – das Treffen, die Sitzung 5. la menuiserie – das Tischlern/Schreinern 6. malade – krank 7. le pain – das Brot 8. croire – glauben

Unité 4 | p. 62–63

1 1. une ferme bio près de chez moi 2. une lettre de motivation 3. au mois d' 4. de l'heure 5. poser sa candidature

2 2. lâcher – loslassen 3. pousser – stoßen 4. crier – schreien 5. glisser – (aus)rutschen 6. louer – mieten 7. savoir – wissen, können 8. laisser – (hinter)lassen

3 2. l'argent de poche 3. le ballon 4. le brevet de sauveteur 5. le rapport de stage 6. la capsule 7. la langue 8. le pneu

4 1b, 2d, 3e, 4c, 5a

Unité 5 | p. 75–76

1 1. Le château, au bord de 2. l'auberge de jeunesse 3. faire une déclaration 4. à vélo

2 le sac à dos – der Rucksack, la carte d'identité – der Personalausweis, le porte-monnaie – das Portemonnaie, l'opinel – das Opinel-Klappmesser, le sac de couchage – der Schlafsack

3 2. payer – (be)zahlen 3. monter – aufbauen 4. boire – trinken 5. inventer – erfinden 6. réussir – schaffen 7. décrire – beschreiben

4 1. L'ouest 2. au sud 3. à l'est 4. le nord

Unité 6 | p. 92–93

1 1. la mairie, une fontaine 2. délicieux 3. s'entend bien avec 4. Ça vaut la peine d' 5. photographié une baleine 6. le néerlandais

2 2. goûter – probieren, kosten 3. contrôler – kontrollieren 4. ressembler – ähneln 5. draguer – anmachen 6. envoyer – schicken 7. rater – verpassen 8. imiter – imitieren

3 1 village 2 frontière 3 secondes 4 médicament 5 bise 6 gratte-ciel 7 lecteur 8 poire 9 neiger 10 automne solution: souterrain